## Structures éditoriales du groupe L'Harmattan

**L'Harmattan Italie**
Via degli Artisti, 15
10124 Torino
harmattan.italia@gmail.com

**L'Harmattan Hongrie**
Kossuth l. u. 14-16.
1053 Budapest
harmattan@harmattan.hu

---

**L'Harmattan Sénégal**
10 VDN en face Mermoz
BP 45034 Dakar-Fann
senharmattan@gmail.com

**L'Harmattan Cameroun**
TSINGA/FECAFOOT
BP 11486 Yaoundé
inkoukam@gmail.com

**L'Harmattan Burkina Faso**
Achille Somé – tengnule@hotmail.fr

**L'Harmattan Guinée**
Almamya, rue KA 028 OKB Agency
BP 3470 Conakry
harmattanguinee@yahoo.fr

**L'Harmattan RDC**
185, avenue Nyangwe
Commune de Lingwala – Kinshasa
matangilamusadila@yahoo.fr

**L'Harmattan Congo**
219, avenue Nelson Mandela
BP 2874 Brazzaville
harmattan.congo@yahoo.fr

**L'Harmattan Mali**
ACI 2000 - Immeuble Mgr Jean Marie Cisse
Bureau 10
BP 145 Bamako-Mali
mali@harmattan.fr

**L'Harmattan Togo**
Djidjole – Lomé
Maison Amela
face EPP BATOME
ddamela@aol.com

**L'Harmattan Côte d'Ivoire**
Résidence Karl – Cité des Arts
Abidjan-Cocody
03 BP 1588 Abidjan
espace_harmattan.ci@hotmail.fr

---

## Nos librairies en France

**Librairie internationale**
16, rue des Écoles
75005 Paris
librairie.internationale@harmattan.fr
01 40 46 79 11
www.librairieharmattan.com

**Librairie des savoirs**
21, rue des Écoles
75005 Paris
librairie.sh@harmattan.fr
01 46 34 13 71
www.librairieharmattansh.com

**Librairie Le Lucernaire**
53, rue Notre-Dame-des-Champs
75006 Paris
librairie@lucernaire.fr
01 42 22 67 13

# *LA CRIMINOLOGIE EN CÔTE D'IVOIRE*

## *Vie et survie 50 ans après*

## Collection « Études africaines »
*dirigée par Denis Pryen et son équipe*

Forte de plus de mille titres publiés à ce jour, la collection « Études africaines » fait peau neuve. Elle présentera toujours les essais généraux qui ont fait son succès, mais se déclinera désormais également par séries thématiques : droit, économie, politique, sociologie, etc.

Dernières parutions

Guy-Eugène DEMBA, *La mise en œuvre du Droit international humanitaire en Centrafrique. De la théorie à la pratique*, 2024.
Charlie MBALLA (dir.), *L'État dans les Afriques. État des lieux en Afrique subsaharienne. Nouvelle édition*, 2024
Maman Aminou A. KOUNDY, *La gouvernance du secteur judiciaire au Niger, Regards critiques*, 2024.
Paul G. ACLINOU, *Le premier festival mondial des arts nègres. Ou la négritude cinquante-cinq ans après*, 2024.
Sous la direction de Yao-Edmond KOUASSI, *Culture, africanologie et humanisme, Hommage au professeur Abou Karamoko*, 2024.
Alpha BA, *Tragédie rwandaise : l'échec fatal de la solution négociée, Responsabilités et répercussions dans la région des Grands Lacs*, 2024.
Cédric ONDAYE-EBAUH, *Vous avez dit développement ?*, Nouvelle édition, 2024.
Francky BOLAMBULI BOSINGA, *Le devoir de l'Homme africain. Repenser la démocratie et la culture négro-africaine avec Phambu Ngoma-Binda*, 2024.
Albert JIOTSA (coord.), *Dynamique de la protection sociale de l'enfance au Cameroun et en Afrique*, 2024.
Ahmed Salem OULD MOHAMED BABA, *Introduction au dialecte ḥassāniyya de Mauritanie. Étude grammaticale et lexicale*, 2024.
Emmanuel NGWE, *La population du Cameroun, Du comptage des effectifs à l'analyse des phénomènes démographiques*, 2024.

*Ismaila Bakayoko*

# *LA CRIMINOLOGIE EN CÔTE D'IVOIRE*

## *Vie et survie 50 ans après*

*Préface d'Alain Sissoko*

L'Harmattan

***Du***

***même auteur :***

Vulnérabilité des adolescents dans les quartiers précaires d'Abidjan : Identité et déviance


5-7, rue de l'École-Polytechnique – 75005 Paris
www.editions-harmattan.fr
ISBN : 978-2-336-43368-4
EAN : 9782336433684

# Table des matières

## Dédicace

A tous les pionniers du développement de la criminologie en Côte d'Ivoire !

## Avant-propos

Le goût et la saveur d'une discipline scientifique s'inscrivent dans une analyse de sa dynamique d'évolution dans le temps et de ses retombées sociales. C'est un exercice qui amène à une interrogation introspective. La criminologie est arrivée en Côte d'Ivoire par une heureuse circonstance de coopération internationale entre le jeune État de Côte d'Ivoire qui était notre pays en 1969 et l'agence de développement du Canada par l'entremise du Centre International de Criminologie Comparée de l'université de Montréal.

*Cinquante ans, c'est peut-être l'âge de la maturité, de la crise existentielle et du choix.*

A propos de sa maturité, il faut voir le parcours dynamique de quarante ans de formation et de trente ans de recherche. On peut estimer que le bilan est largement positif vu le poids des criminologues dans des fonctions de sécurité nationale à la police, à la gendarmerie et dans d'autres secteurs administratifs. La criminologie en Côte d'Ivoire s'est développée parce qu'elle a su rester fidèle à la vision des incubateurs canadiens en ce sens que leur spécificité a été de penser la criminologie comme une science transdisciplinaire autonome, ouverte sur les sciences sociales. Alors que chez le colonisateur français, là où les élites intellectuelles universitaires ivoiriennes ont été formées, le statut de la criminologie reste flou et dispersé entre sciences pénales et disciplines annexes. En France notamment, la criminologie n'est pas une discipline universitaire autonome qui débouche sur des professions reconnues. Se développer dans un tel cadre culturel relève du miracle non sans oublier l'acharnement des pionniers.

*Le constat de la crise des sciences sociales n'est pas spécifique à la criminologie.*

Le débat sur l'utilité de l'enseignement des sciences sociales dans les universités a refait surface dans le contexte de l'employabilité, avec des reformes du LMD. En effet, la réflexion sur les sciences sociales et le développement s'appuie sur le constat d'une distorsion croissante entre les travaux menés et l'image qu'on donne de ceux-ci dans les médias ou dans les discours à l'intention de l'opinion (Guichaoua et Goussault, 1993). Les déclarations, non moins scientifiques, de certains acteurs politiques et décisionnels et leur volonté de fermer ou de supprimer certaines filières ont jeté du discrédit sur des disciplines. Cependant, l'utilité des sciences sociales n'est plus à démontrer. Elles sont plus importantes dans le développement socioculturel et économique comparativement aux sciences techniques ou sciences dures dans tous les pays.

*L'objet de la criminologie place cette discipline parmi les plus importantes du XXI ème siècle.*

Le défi majeur de ce siècle reste la gestion de la sécurité des biens et des hommes, dans une société tourmentée par le retour des extrêmes. L'objet de la criminologie, le phénomène criminel, est sans cesse en perpétuelle mutation. Le savoir criminologique devient alors incontournable pour alimenter le savoir-faire des acteurs de la lutte et des praticiens. Les données issues de la recherche en criminologie deviennent plus que nécessaire par rapport aux enjeux de sécurité de notre époque. Pour atteindre cet objectif, les acteurs de l'enseignement universitaire de la criminologie doivent l'adapter aux besoins et à la demande sociale.

*Des réformes s'imposent à la criminologie ivoirienne pour demeurer utile dans un espace universitaire compétitif.*

Sans réforme des offres de formation de l'enseignement, la criminologie à l'instar des disciplines universitaires des sciences sociales, sont condamnées à jouer les seconds rôles face aux grande écoles et à la privatisation des sphères de formation des métiers de l'intervention et de l'analyse criminologique. C'est en cela que les criminologues ivoiriens doivent faire un choix, celui de répondre aux exigences de la pertinence de l'offre de formation et du marché de travail. Ce travail de réforme doit inclure les activités promotionnelles de la criminologie auprès des décideurs politiques et du grand public.

## Remerciements

Ce projet a vu le jour dans le contexte de la célébration des cinquante années de la criminologie en Côte d'Ivoire. Cette célébration n'a pu avoir lieu à cause de la pandémie du Covid-19 et de la disparition prématurée du directeur de la Criminologie.

Il conviendra de rendre un hommage à l'ex-doyen de l'UFR Criminologie feu Henry Yebouet qui avait pris l'initiative de la célébration de la création de la criminologie en Côte d'Ivoire.

Je tiens à remercier mes collaborateurs et les maîtres qui ont contribué et collaboré dans ce projet pédagogique du cinquantenaire de la criminologie. Il s'agit d'une part des Docteurs Yao Daniel, Bamba Massendjei et Koné N'betien Pratice et d'autre part des professeurs Opadou Koudou, Sissoko Alain (doyen honoraire) et Kouabenan Kossonou (professeur Titulaire de linguistique).

Nous associons à cette séquence de reconnaissance et de gratitude, les anciens de la criminologie, les responsables du service des archives de la scolarité et les étudiants qui ont donné de leur temps dans la collecte et la saisie des données des enquêtes de terrain auprès des anciens de la Criminologie.

Je ne saurai oublier mes collègues enseignant-chercheurs de l'UFR Criminologie qui au quotidien, participent à la vie et à la survie de cette institution.

# Préface

Il est un adage qui affirme que pour expliquer et comprendre le présent et envisager l'avenir, il est impératif d'explorer
et d'analyser le passé. Ce livre, " *La Criminologie en Côte d'Ivoire : Vie et Survie cinquante ans après* ", incarne cette sagesse en se préoccupant de la criminalité en Côte d'Ivoire. La criminologie est une discipline qui étudie le phénomène criminel, ses causes, ses conséquences et les moyens de prévenir les actes criminels. A cet titre, la criminologie, occupe une place essentielle dans la compréhension et la transformation de la société.

La Côte d'Ivoire, comme toute état en développement, est confrontée à divers défis en matière de sécurité et de justice. Les mutations sociales, les dynamiques économiques complexes, les changements démographiques et technologiques rapides et les défis liés à la stabilité politique font de la criminologie un champ d'étude vital pour notre pays. C'est une science qui évolue, qui s'adapte et se développe constamment pour répondre aux besoins changeants de notre société.

Par ailleurs, en tant que témoin, je peux affirmer que la criminologie a connu une croissance significative en Côte d'Ivoire au cours de ces cinquante dernières années. Cette période a été marquée par des avancées majeures dans la compréhension des mécanismes criminels, des réponses judiciaires et sociales, ainsi que des politiques de sécurité. Les chercheurs, les praticiens, les décideurs politiques et la société civile ont contribué activement à cette évolution, enrichissant la discipline et adaptant son champ d'étude aux défis sociétaux contemporains.

Toutefois, cette période de cinquante ans n'a pas été sans obstacles. La criminologie en Côte d'Ivoire a dû faire face à des défis persistants, tels que la complexification des formes de criminalité, les ressources limitées, la stigmatisation des délinquants et la nécessité de politiques adaptées pour prévenir la délinquance.

Il faut aussi souligner la marginalisation au plan institutionnel de la discipline en Côte d'Ivoire et dans l'espace francophone en général. Ce livre est une invitation à un voyage à travers l'histoire, les progrès et les défis de la criminologie en Côte d'Ivoire. Il explore les racines historiques de la criminologie, son développement au fil des décennies et les influences qui ont façonné cette discipline dans notre pays. Il met en lumière les contributions des pionniers de la criminologie dans notre pays, ainsi que les chercheurs contemporains qui portent le flambeau pour faire progresser cette science vitale. Les thèmes abordés par les auteurs montrent que la criminologie est une science adaptée à l'appréhension de la complexité de notre société en perpétuel mouvement. Le professeur Bakayoko Ismaila examine également les défis contemporains auxquels font face les praticiens de la criminologie et les chercheurs en Côte d'Ivoire et il identifie des pistes novatrices pour l'avenir.

Les contributions des auteurs, spécialistes éminents dans le domaine de la criminologie et des sciences sociales en Côte d'Ivoire, enrichissent ce livre en apportant des analyses perspicaces, des perspectives historiques et des recommandations pratiques. Leurs réflexions nous guident vers une meilleure compréhension des complexités de la criminalité et des moyens de promouvoir la justice et la sécurité dans notre société.

Nous espérons que cette rétrospective des cinquante années de la criminologie en Côte d'Ivoire stimulera le débat, encouragera la recherche et suscitera des initiatives pour renforcer la criminologie en Côte d'Ivoire. Nous croyons fermement que cette discipline est essentielle pour éclairer nos politiques publiques, informer nos actions et contribuer à une société plus sûre et plus équitable pour tous. L'objectif est de jeter les bases pour les cinquante prochaines années, dans lesquelles la criminologie continuera et contribuera à saisir les mécanismes complexes qui apparaissent çà et là dans le « tout social » en mutation.

Professeur Alain Sissoko
Doyen Honoraire de l'UFR Criminologie
18 décembre 2023

## Introduction

De 1969 à 2023, la Criminologie comptabilise plus que cinquante années d'existence c'est-à-dire plus d'un demi-siècle de vie. Ce long chemin ne sait pas fait sans difficulté car réellement, on note une quarantaine d'année d'activité d'enseignement et une trentaine d'année d'activité de recherche. Malgré le demi-siècle de survie, la discipline reste inconnue par le grand public. Selon une étude menée à l'université Felix Houphouët-Boigny en 2018 auprès des étudiants des filières des autres facultés, la Criminologie est une science semblable à la sociologie et qui étudie le meurtre (Yao, 2018). Cette perception n'est guère une surprise car elle est conforme au cliché de l'imaginaire collectif influencé par les productions cinématographiques selon lequel le criminologue est un « profileur » qui poursuit les tueurs en série. Au-delà de l'image médiatique, le criminologue clinicien tout en aidant le criminel engagé dans une démarche de réinsertion, évalue sa personnalité, établi un pronostic et propose un programme de traitement à ce dernier (Proulx, 2006). Les problèmes que rencontrent la criminologie et les criminologues en Côte d'ivoire sont de plusieurs natures. Des réflexions ont été menées dans ce sens sur le développement de la Criminologie en Côte d'Ivoire (Sissoko, 1994). Certains sont relatifs à la problématique de l'emploi et de l'insertion des étudiants (OPADOU, 1999) et d'autre ont porté sur les difficultés de la criminologie dans l'espace sociopolitique et universitaire en Côte d'Ivoire (Bakayoko, 2018) et sur la perception générale des populations universitaires de la Criminologie (Yao, 2018). Cependant, très peu de travaux ont été fait d'un point de vue de l'approche rétrospective. La cérémonie de la célébration du cinquantenaire offrait cette occasion unique de jeter un regard critique sur la criminologie en Côte d'Ivoire. Il s'agissait de faire un état des lieux de l'enseignement et de la recherche et d'évaluer l'impact réel de la pertinence de l'enseignement de la Criminologie en Côte d'Ivoire.

D'un point de vue historique, la criminologie enseignée en Côte d'Ivoire est d'abord l'émanation des recommandations du XVI ème cours international du centre international de criminologie comparée de l'université de Montréal au Canada tenu à Abidjan en septembre 1966. Elle est l'une des rares discipline scientifique enseignée dans une université publique qui n'est pas née du rapport avec le pays colonisateur qui est la France. A ces premières heures, l'institution criminologie a bénéficié de l'assistance technique de l'université de Montréal avec l'échange et la formation des enseignants avec l'appui de l'agence canadienne de coopération internationale. Ce programme a favorisé la naissance et le développement de la Criminologie. En lien avec le modèle de la criminologie enseigné à l'université de Montréal, la criminologie ivoirienne est une discipline ouverte sur les sciences sociales et les sciences humaines consacrant ainsi son caractère interdisciplinaire.

En termes de vie académique, la criminologie a connu des changements structurels. D'une simple discipline et parcours d'enseignement intégré à la formation des juristes dans la faculté de droit, elle est devenue une discipline autonome au sein d'un institut avant d'être transformée en Unité de formation et de recherche en 2016.

Ces transformations témoignent du dynamisme de la criminologie et des premiers acteurs politico-administratifs du développement de la discipline. En dehors des coopérants canadiens, on peut citer le premier président de la république de Côte d'Ivoire, Félix Houphouët-Boigny, Monsieur Alphonse Boni, président de la cour suprême de

Cote d'Ivoire de 1963 à 1989, le professeur Marcel Etté le tout premier Directeur de l'institut de criminologie et le professeur Alain Sissoko doyen honoraire de l'UFR Criminologie. Tous ont contribué à leur manière au plan politique, administratif et scientifique à la vie et à la survie de la criminologie en Côte d'Ivoire. Après les premiers cours internationaux en 1966, l'enseignement académique a débuté en 1980 par la mise en place d'un diplôme universitaire de Criminologie (DUC) transformé peu de temps après en cycle de licence. Il s'en est suivi de l'ouverture du cycle de la maîtrise de criminologie durant l'année universitaire 1988-1989 et du cycle de doctorat dans le courant de l'année académique 2000-2001. La spécificité des programmes de formation est à l'origine dictée par la vision du coopérant canadien. Il s'agit d'offre de formation qui met l'accent sur la prévention du crime et le traitement du délinquant/ de la victime en vue de leur réinsertion sociale. Contrairement à d'autres pays, la Criminologie en Côte d'Ivoire n'a pas été touchée par les débats idéologiques de type néolibérale ou de nouvelle criminologie (Strimelle et Vanhamme 2012). Le programme de formation d'Abidjan a évolué au gré des reformes universitaires avec la mise en place des offres de formations spécifiques dans lesquelles on trouve un parcours de prévention et de réinsertion, un parcours de victimologie et prise en charge et un parcours de science de la sécurité.

La recherche scientifique, l'autre pan de la vie académique est tout aussi dynamique. Débutée timidement avec l'ouverture du cycle de maîtrise en 1989, elle n'a cessé d'évoluer en termes de thématiques de recherche. Elle part des études sur les marginalités sociales et sur la délinquance pour embrasser les champs de recherche sur la criminalité en général, la sécurité, la victimologie, la prise en charge et divers secteurs relatifs aux risques émergents (terrorisme, cybercriminalité).

Le défi majeur de la survie de la criminologie en Côte d'Ivoire reste son impact social. Face aux profondes mutations que connaissent les universités publiques dans l'espace francophone, cette survie dépendra de deux éléments qui sont interdépendants. Il s'agira de faire des reformes des offres de formations visant à accroitre le potentiel d'employabilité des formés et de mener des actions de rapprochement avec les acteurs institutionnels afin de valoriser les produits de la recherche. La mise en œuvre de ce chantier doit inclure le renforcement de l'éthique avec l'élaboration de ligne de conduite pour les encadreurs et les étudiants en criminologie. La survie de la criminologie en Côte d'Ivoire intègrera une certaine volonté « d'ivoirisation » de la discipline dans une perspective de criminologie appliquée qui tiennent compte des réalités du marché d'emploi et de la demande sociale. Comprendre le Processus du développement de la criminologie en Côte d'Ivoire et relancer la dynamique de sa promotion est le but premier de ce livret. Comme un chirurgien, l'exercice permet de l'ouvrir de l'intérieur, de le disséquer et de le traiter dans un processus de bilan - diagnostic et d'analyse traitement. La présente contribution au bilan de l'existence de la Criminologie en Côte d'Ivoire va s'articuler en deux parties : Le bilan de l'enseignement, de la recherche et l'impact de la criminologie en Côte d'ivoire.

# Chapitre I : Science criminologique en Côte d'Ivoire : contexte de création et évolution

## I. La criminologie, son objet, corpus et organes

### 1.1. Brève histoire de la discipline

On nous enseigne que la criminologie est née dans le dernier quart du XIXème siècle en Europe. Elle doit son rayonnement grâce au mouvement scientifique des positivistes italiens (Gassin, 2011). Les pionniers de ce mouvement sont Lombroso (1835-1909), Ferri (1856-1929) et Garofalo (1851-1934) qui ont marqué l'histoire de la criminologie par des contributions importantes. Lombroso s'est illustré dans cette naissance avec son ouvrage l'homme criminel paru en 1876. Ferri a écrit la sociologie criminelle en 1881 paru sous le titre les nouveaux horizons du droit pénal. Quant à Garofalo, il a publié en 1885 son ouvrage prémonitoire du baptême de la discipline titré la criminologie. De ces travaux jusqu'à nos jours, la criminologie a connu un développement certain dans le monde entier. Qu'est-ce que la Criminologie et quelle est son utilité sociale ?

La criminologie est la science qui étudie le phénomène criminel. A ce titre, elle est très utile à toutes les sociétés qui aspirent à vivre dans une sécurité durable en ce que les pratiques de sécurité reposent sur le savoir et le savoir-faire scientifique sur le crime. Toute approche définitionnelle d'une discipline scientifique s'avère toujours fastidieux. Le cas de la criminologie n'échappe pas à cette épreuve. Nous convenons avec André Normandeau (2018), que la criminologie est la discipline scientifique qui étudie le phénomène criminel, le criminel (le délinquant) et la réaction de la société face au crime et au criminel. Il s'agit d'une étude de nature empirique et théorique. Comme utilité, la criminologie vise notamment à trouver des solutions pour prévenir la criminalité et elle essaie d'améliorer la qualité du travail de la police, des tribunaux pénaux et des prisons. Elle propose des solutions de rechange à l'emprisonnement, autant auprès des adultes criminels que des jeunes délinquants et fort important depuis la dernière décennie, auprès des victimes d'actes criminels. Aussi, cette étude est interdisciplinaire, sous l'éclairage principal du "droit pénal", de la "sociologie" et de la "psychologie" en relation avec le crime, la criminalité, le criminel, la victime et de façon spécifique, dans le contexte de la justice pénale : le code pénal et le code de procédure pénale ; la police ; les tribunaux pénaux ; les prisons et les "alternatives" à l'emprisonnement. À ces disciplines, on peut ajouter la science politique, l'anthropologie, le service social, la biologie et la médecine (psychiatrie) ainsi que l'administration publique, (Normandeau, 2018). En outre, la détermination de l'objet d'une discipline permet de définir sa scientificité, sa pertinence et son utilité sociale.

## 1.2. Objet et corpus de la criminologie scientifique

### 1.2.1. De la pertinence sociale de l'objet de la criminologie

Le crime dans ses manifestions plurielles est l'objet de la criminologie. Comme le dit Cusson (2017), la notion de crime n'étant pas soumise aux contraintes de vocabulaire qui pèse sur les juristes, les criminologues utilisent les termes « crime »,

« délit », « délinquance » et « infraction » sensiblement dans le même sens. Il s'agit de tout acte puni par la loi et de tout acte qui met à mal la sécurité, la cohésion et la tranquillité publique. Aussi, l'objet de la criminologie concerne la violence et la ruse, des moyens que les criminels utilisent à leurs fins. La diversité de l'approche de l'objet de la criminologie et des interprétations différentielles de celui-ci, ont influencé son développement au XX ème siècle.

A propos de l'objet de la discipline scientifique criminologie, Durkheim (1894 ; 1960) disait que « *classer le crime parmi les phénomènes de sociologie normale, ce n'est pas seulement dire qu'il est un phénomène inévitable quoique regrettable, dû à l'incorrigible méchanceté des hommes ; c'est affirmer qu'il est un facteur de la santé publique, une partie intégrante de toute société saine.... Le crime est donc nécessaire : il est lié aux conditions fondamentales de toute vie sociale, mais, par cela même, il est utile ; car ces conditions dont il est solidaire sont elles-mêmes indispensables à l'évolution normale de la morale et du droit* ».

Il faut dire à propos que le crime est normal, parce qu'une société qui en serait exempte est tout à fait impossible ; telle est la première évidence paradoxale que fait surgir la réflexion sociologique (Szabo, 1960). Ainsi, l'éclairage scientifique sur le crime permet à la criminologie de proposer des solutions visant à améliorer la sécurité des personnes et des biens.

### 1.2.2. Corpus de la criminologie

La criminologie s'est développée en cinq courants ou directions qui ont tous développé un corpus scientifique particulier lié aux divergences de l'objet de la discipline (Cusson ; 2017).

#### 1.2.2.1. Criminologie clinique et l'étude des carrières criminelles

La criminologie clinique est la discipline qui a écrit au début du XX²ème siècle les lettres de noblesse de cette science avec les études sur la personnalité délinquante et le recours aux méthodes expérimentale. Elle est la branche de la criminologie qui a pour objet l'étude individuelle du délinquant dans le but de déterminer les mesures qui sont susceptibles de l'éloigner d'une récidive. Elle puise ses origines de la criminologie scientifique avec l'affirmation par Lombroso de la nécessité de l'examen médico-psychologique du criminel et par Garofalo de celle de l'enquête sociale. Généralement, on a tendance à identifier la criminologie clinique à la réadaptation sociale et à l'insertion sociale du délinquant. Elles mettent en relief le traitement et les programmes de traitement et les mesures de prévention individuelle de la récidive. En pratique, elle consiste en l'approche multidisciplinaire du cas individuel à l'aide des principes et des méthodes des criminologies spécialisées (psychologie criminelle et sociologie criminelle). Le but de cette approche multidisciplinaire est d'apprécier le délinquant étudié, d'émettre une hypothèse sur sa conduite future et d'élaborer un programme de mesure susceptible de l'éloigner de la délinquance. La criminologie clinique s'appuie sur des fondements théoriques : le concept d'état dangereux et les modèles d'approche du cas individuel. Les travaux les plus représentatifs ont mis en relief les théories dites la carrière criminelle et développementale, avec les études d'Etienne Degreef, Jean Pinatel, Tremblay, Leblanc, et bien d'autres chercheurs récents.

### 1.2.2.2. Criminologie dite « intégrationniste »

Cette approche de la criminologie s'inscrit dans le prolongement du développement de la Sociocriminologie dans l'espace européen avec les travaux d'Émile Durkheim sur l'anomie, le suicide et la déviance. Elle met en exergue l'importance des déterminants sociaux et le mode d'intégration des individus dans la société comme base de l'éclosion de la criminalité. En effet, l'approche explicative du phénomène criminel s'analyse par la nature de l'organisation sociale à travers les travaux sur la théorie de l'anomie (Durkheim et Merton), l'intégration du délinquant (Shaw et McKay 1942), le lien social (Hirschi) et le control social (Cusson). Selon cette approche, la nature du lien social est importante en ce sens que les êtres humains sont tout naturellement portés à prendre des raccourcis délictueux pour assouvir leurs désirs s'ils n'en sont empêchés par la contrainte sociale. Et cette dernière ne peut exercer son emprise que si l'individu est rattaché à son groupe social (Hirschi, 1969 cité par Cusson, 2017). La criminologie dite « intégrationniste » propose les outils d'analyse et de compréhension du traitement de certaine forme de la délinquance juvénile.

### 1.2.2.3. Criminologie dite « culturaliste »

Cette approche de la criminologie est issue des travaux des chercheurs qui ont travaillé sur le rôle prééminent du conflit de culture (Sellin 1960) et du développement de la sous-culture comme facteur de la criminalité. Elle voit dans le crime comme un comportement normatif appris et transmis en ce sens que les groupes sociaux deviennent criminogènes par la diffusion des exemples du crime et /ou en transmettant des normes sous-culturelles déviantes. L'essentiel des théories de cette approche sont issus des travaux de Tarde sur l'importance du processus de l'imitation et des travaux de Sutherland sur l'association différentielle. Selon Sutherland les mécanismes de l'apprentissage criminel sont les mêmes que ceux de tout autre apprentissage en ce sens que le comportement criminel est appris par le canal d'échanges interpersonnel faisant acquérir des techniques criminels.

### 1.2.2.4. Criminologie de la réaction sociale

Elle est l'approche critique née des excès de la criminologie à travers les explications en sociocriminologie et en psychocriminologie du phénomène criminel. Selon Cusson (2017) la particularité de cette approche, c'est qu'elle définit la criminalité comme un statut attribué à quelqu'un par quelqu'un qui a un pouvoir de définition. La criminologie de la réaction sociale apparait comme une analyse critique de la sociologie de la déviance. Certains criminologues, partant du postulat que « ce n'est pas la déviance qui conduit au contrôle social, mais que c'est le contrôle social lui-même qui conduit à la déviance », et que la déviance n'est pas une qualité de l'acte commis par une personne, mais plutôt une conséquence de l'application par les autres, de normes et de sanction à un transgresseur. Ces criminologues attribuent comme objet à la criminologie non plus l'étude du passage à l'acte » qui n'a pour eux aucune spécificité, mais l'analyse sociologique des mécanismes de la réaction sociale, depuis l'établissement de la loi pénale jusqu'à l'application des sanctions pénales, en passant par le fonctionnement de la police, des parquets et des tribunaux, ainsi que les réactions des victimes, de l'entourage et des médias; ceci afin de montrer comment le système de justice criminelle « crée » la délinquance. Ainsi, s'est constituée la criminologie dite « de la réaction sociale » qui regroupe pour l'essentiel la « criminologie interactionniste », la « criminologie organisationnelle », la « criminologie critique » et la « criminologie victimologique » (Cusson, 2017 P.61).

### 1.2.2.5. Criminologie de l'acte

Elle est l'approche qualifiée de choix rationnel et de stratégique par les auteurs comme Gassin et Cusson, qui en sont des plus grands adeptes. Selon la criminologie de l'acte, pour bien comprendre le crime afin d'apporter une réponse efficace, il faut prendre en compte la rationalité de l'acte criminel. Ce qui signifie qu'il faut analyser les stratégies des délinquants en situation de passage à l'acte. Étant donné que pour la criminologie de l'acte, le phénomène criminel est en partie un acte savamment rationnel et calculé, il faut mettre l'accent sur l'étude du processus de l'acte délictueux. Ceci n'est pas un fait nouveau en criminologie, c'est même une vielle tradition issue des travaux de Degreef en Criminologie avec le processus criminogène. Cependant, cette approche prend une tournure stratégique avec la théorie de la prévention situationnelle qui met l'accent sur l'analyse criminologique et vise la mise en place des pratiques de modification des situations pré-criminelles visant à modifier les conditions dans lesquelles certaines infractions sont commises ou sont susceptibles de l'être. Cependant, la pensée stratégique de la criminologie de l'acte mentionne que l'acte criminel peut résulter d'un processus irrationnel, qui peut devenir rationnel par les circonstances et la personnalité du délinquant.

Ce corpus de la criminologie, selon cinq directions pourrait être dépassé avec le dynamisme du phénomène criminel et le développement des outils de la recherche tel que les espaces virtuels, les moyens électronique et autres technologies. La criminologie connait une certaine organisation sur les cinq continents de la planète.

## 1.3. Organes et institutions de la Criminologie

La Criminologie est une discipline qui s'est vite développée à travers le monde. Elle connait cependant un développement planétaire inégalitaire en ce sens que tous les cinq continents ne connaissent pas les mêmes niveaux d'évolution. On note à l'état actuel des connaissances un certain dynamisme de la criminologie dans le monde anglo-saxon comparativement dans l'espace francophone. Au plan mondial, la Société Internationale de Criminologie (SIC) est une organisation fondée à Rome, en Italie en 1938. Elle est l'une des associations spécialisées les plus actives et les plus influentes en ce qui a trait aux défis et aux problèmes que posent le crime et la déviance, de même que dans la recherche de solutions dans le respect des droits humains et des valeurs démocratiques. Son objectif est de supporter des activités et des recherches destinées à produire une meilleure compréhension du phénomène de la criminalité à l'échelle internationale. La Société fait la promotion de la prévention du crime en soutenant l'amélioration des procédures utilisées par les différents systèmes de justices criminelle. Aussi, il existe à l'échelle mondiale le prix de Stockholm en criminologie.

Le prix de Stockholm de criminologie a été présenté pour la première fois en juin 2006. Chaque année, le jury indépendant du prix de Stockholm invite les organismes de nomination du monde entier à proposer des candidats pour le prix. Le jury est composé de membres de cinq continents représentant à la fois des praticiens et des universitaires. Ce prix est décerné par la Fondation de Stockholm en criminologie en coopération avec l'Université de Stockholm et le Conseil national suédois pour la prévention du crime. Il est décerné pour des réalisations exceptionnelles en recherche criminologique ou pour la réduction de la criminalité et l'avancement des droits humains.

Les objectifs du Prix de Stockholm de criminologie sont de promouvoir le développement sur les points suivants :

- Meilleure connaissance des causes de la criminalité au niveau individuel et structurel.
- Politiques publiques plus efficaces et plus humaines pour traiter les délinquants criminels.
- Meilleure connaissance des stratégies alternatives de prévention du crime à l'intérieur et à l'extérieur du système de justice.
- Politiques de soutien aux victimes de la criminalité.
- Meilleurs moyens de réduire le problème mondial des pratiques illégales ou abusives pouvant survenir dans l'administration de la justice.

De 2006, à ce jour, Richard Ernest Tremblay de l'université de Montréal est l'un des rares voire le seul Francophone qui a eu ce prix pour son travail sur la délinquance chez les enfants en 2017. Dans l'espace francophone, les activités de développement de la criminologie sont portées sur le plan international par l'AICLF (Association Internationale des Criminologues de Langue Française). L'Association internationale des criminologues de langue française (AICLF), fondée à Genève en 1987, a pour but de favoriser les relations entre universitaires, praticiens et chercheurs qui étudient le phénomène criminel ou travaillent en criminologie appliquée : leur trait d'union est l'utilisation du français dans leurs échanges internationaux. Les pays francophones les plus actifs par ordre d'importance dans les activités scientifiques en criminologie sont le Canada, la Belgique, la Suisse et la France. La participation des pays africains francophones est marginale dans l'animation et l'organisation des activités de promotions de la recherche en criminologie.

Sur le continent africain, la place de la criminologie dans la recherche scientifique en sciences sociales et particulièrement en criminologie est en voie de progression. De manière générale, la situation de la criminologie sur le continent noir est tributaire des modèles de colonisations. La différence des dynamiques d'évolution et des différences entre anglo-saxon et francophones se ressentent dans les différents pays. Dans la plupart des pays africains francophones, la criminologie est une discipline qui fait partie intégrante des enseignements des sciences juridiques ou sciences pénales et des fois des sciences politiques ; elle en est souvent une appendis du droit. En Afrique noire, la Côte d'Ivoire est l'un des rares pays, en dehors de l'Afrique du Sud où la criminologie a connu une entrée remarquable.

## 1.4. Exception de la Côte d'Ivoire en criminologie dans un espace francisé

La criminologie en Côte d'ivoire est une exception car elle n'est pas une discipline implantée par le pays colonisateur la

France mais plutôt par la coopération internationale canadienne. La criminologie dans la plupart des pays francophones est à l'image de la discipline en France.

En effet, la situation de la criminologie en France peut être qualifiée de moribonde à travers « *L'impossible constitution d'une discipline criminologique* », comme le stipule l'article d'un des artisans Laurent Mucchielli, farouche opposant, ramant à contre-courant du développement de la criminologie dans le monde entier. La guéguerre franco-française depuis 2008 à propos des reformes de l'enseignement et de la recherche en criminologie étonne le monde par son ampleur. Tout se déroule comme si la France, dans son exception, elle seule, à travers ces intellectuels, engagés dans une *Critique de la raison criminologique* (Didier Bigo et Laurent Bonelli, 2014) vivent dans une bulle idéologique. Alors que la France en tant que pays ciblé majoritairement par les risques émergents tels que le terrorisme et la cybercriminalité, devrait amener ces universitaires à plus de modestie. Des contributions aussi grotesques comme cela peut être qualifiées, montrent que ces opposants ne prennent pas en compte la dynamique d'évolution des disciplines scientifiques face à leur objet sans cesse mouvant dans l'histoire de l'humanité, situation qui appelle sans cesse à faire des ajustements des limites idéologiques. Se forger dans l'idée qu'on aboutirait selon Mucchielli (2010) « *Vers une criminologie d'État en France* ? » témoigne de la culture idéologique agonisant pour la science dont certains intellectuels voudraient remettre au cœur de l'enjeu des sciences au détriment de son utilité. Proclamer la liberté disciplinaire et remettre en cause la culture du contrôle étatique sur le crime et qu'ils appellent abusivement *la nouvelle crimi*nologie, c'est soutenir l'émiettement des approches disciplinaires du phénomène criminel. Cette approche est dépassée tant l'enjeu mondial du contrôle du crime et la demande sociale de sécurité est devenu démesurée.

L'élément le plus illustrateur de cette exigence française, c'est l'éclatement des formations sur le phénomène criminel. On peut trouver en France autant de parcours dans les universités en droit, en sociologie, en psychologie qui traitent de criminologie. Ces situations décrites expliquent en partie l'agonie de la criminologie en France parce qu'on n'arrive pas à se départir des vieilles pratiques disciplinaires. On préconise que le phénomène criminel avec les risques croissants, doit être traité par des disciplines multiples qui s'ignorent, dans une incohérence méthodologique. En gros, les oppositions chez des universitaires à la constitution d'une discipline criminologique sont encore fortes. Elles traduisent le retard français sur les pays Anglo-Saxons dans le domaine de l'enseignement et de la recherche. Cette vision française de la criminologie influence des pays africains francophones où la criminologie apparait souvent comme une sous-discipline du droit et autres sciences connexes. On peut dire que ce n'est pas le cas de la Côte d'Ivoire. On peut aussi dire que cette situation explique pourquoi la Criminologie n'est pas une discipline autonome dans bon nombre de pays africains francophones. Le fait que la majorité des universitaires et enseignants-chercheurs sont formés en France, on comprend l'attitude de marginalisation envers la criminologie dans certains établissements universitaires de l'Afrique Francophone.

## 2. Facteurs de l'émergence et évolution de la Criminologie en Côte d'Ivoire

### 2.1. Facteurs scientifiques de la naissance de la criminologie

Il faut souligner que la criminologie en Côte d'Ivoire est la résultante du programme de coopération scientifique entre l'Université d'Abidjan et le Centre International de

Criminologie Comparée (C.I.C.C.) de l'Université de Montréal. Selon Yves Brillon (1980) « ce programme, financé par l'Agence Canadienne de Développement International, avait pour but d'implanter, à l'université d'Abidjan, des recherches et un enseignement criminologique. De cette coopération née l'Institut de Criminologie, le seul en Afrique occidentale, sous l'impulsion du Professeur Denis Szabo qui dirigeait le C.I.C.C., à partir de 1971. Pour réaliser cette « mission », il organisa, chaque année, de 1972 à 1975, un colloque où furent invités des représentants du Sénégal, du Niger, du Nigeria, de la Haute-Volta, du Cameroun, du Zaïre, du Ghana, du Togo, du Gabon, du Mali et du Dahomey. Les thèmes abordés furent les suivants :

- « Les besoins et les perspectives en matière de prévention du crime et du traitement du délinquant en Afrique occidentale » (C.I.C.C., 1972) ;
- « La criminalité réelle, apparente et légale en Afrique occidentale » (C.I.C.C, 1973) ;
- « Prévention du crime et planification » (C.I.C.C, 1974) ;
- « Justice moderne et justice traditionnelle en Afrique occidentale ».

Ce projet scientifique sous la houlette du Professeur Denis Szabo a vu la participation de nombreux et talentueux chercheurs Criminologues du CICC comme Maurice Cusson, Yves Brillon, Desrosiers, etc. Il a permis de mettre en place un programme d'enseignement identique à celui enseigné à l'Université de Montréal. Une criminologie centrée sur les sciences sociales avec des ouvertures sur plusieurs autres disciplines connexes, pour tenter de donner une explication scientifique au phénomène criminel.

## 2.2. Facteurs politiques et diplomatiques de la création de la criminologie

La naissance de la criminologie en Côte d'Ivoire est la conséquence des recommandations des participants au XVIe Cours International de Criminologie. Celui-ci s'est tenu à Abidjan du 12 au 24 Septembre 1966 avec l'appui de l'agence Canadienne du développement. C'est le reflet de la diplomatie gagnante des autorités politiques et surtout la volonté politique du premier Président feu Félix Houphouët-Boigny de positionner la jeune république sur l'échiquier internationale. Pour le premier président, la Côte d'Ivoire après la décennie glorieuse, ce qu'on a appelé le miracle Ivoirien de 1960 à 1970, le pays était devenu la plaque tournante de l'économie sous régionale. Elle devenait aussi la plaque naissante du grand banditisme et avec une forte poussée de la délinquance juvénile. L'importation de cette nouvelle discipline qu'est la criminologie en Côte d'Ivoire était une volonté politique assumée du Président Félix Houphouët-Boigny de lutter contre la criminalité naissante inhérente au libéralisme économique. Selon le premier président, il faut préférer l'injustice aux désordres car pour qu'il ait une justice sociale, il faut mettre de l'ordre c'est-à-dire la sécurité et la sureté des citoyens. Il est à craindre que les méfaits et les incidents relatifs aux désordres engendrent l'anomie, la faiblesse de l'État et le chaos social. C'est pourquoi, la formation des acteurs institutionnels de la lutte contre l'insécurité, les agents de police et les agents de la justice dans cette nouvelle discipline apparaissait comme une priorité absolue. C'est le sens du décret de création de l'institut de criminologie. En effet, par le décret de l'Etat ivoirien n° 69-54 du 22 Décembre 1969, la criminologie est née et placée au sein de l'université dans un institut. Il avait pour vocation la recherche, l'enseignement universitaire et la formation (recyclage) des agents, acteurs de la sécurité et de la justice pour permettre une lutte efficace contre le grand banditisme.

## 2.3. Facteurs sociaux du développement de la Criminologie

De 1969 à nos jours, la discipline a connu des mutations profondes tant dans la pratique universitaire que dans l'usage administratif, dans sa perception au niveau politique (Bakayoko, 2018). Cependant, il faut attendre l'année universitaire 1979-1980, pour voir l'Institut recevoir ses premiers étudiants bacheliers.

Dans son développement le nouvel institut de criminologie fut confronté à une première crise dans les années 1980. Selon les autorités d'alors, l'ancrage des remous sociaux, les grèves et revendications relatives à la démocratisation de la Côte d'Ivoire, prenaient leurs sources, à l'institut de criminologie. En effet, le SYNARES (syndicat national des enseignants du supérieur) sous la houlette du professeur ETTE MARCEL, qui fut le tout premier Directeur et enseignant en criminologie, était aussi le leader charismatique de cette revendication.

Cependant, au milieu des années 1980, l'institution reçoit des étudiants de la première année à la licence, puis la maîtrise. A partir de 1996 un nouveau décret transforme l'institut de criminologie en une unité de formation et de recherche (UFR). En 2000 et 2001 un cycle doctoral est ouvert. L'Institut de Criminologie d'Abidjan, érigé en UFR (Unité de Formation et de Recherche) par le décret n° 96-612 du 09 Août 1996 avec les études doctorales, pour combler le déficit d'enseignants-chercheurs.

Le département de Criminologie de l'université d'Abidjan a eu la vocation, alors qu'elle était encore un institut, de s'ériger jusqu'à ce jour en tant que la seule institution universitaire de Formation et de Recherche se préoccupant au plan académique dans la sous-région ouest-africaine du phénomène criminel.

Parmi ces facteurs sociaux de son développement, il y a la qualité de la gestion administrative de l'institution et la qualité des hommes. Grâce aux Ministre Saliou Toure et les directeurs successifs dont le plus influent demeure Monsieur Alain Sissoko, la criminologie en Côte d'Ivoire s'est bien implantée. Transfuge du centre de recherche française OSTORM, devenu aujourd'hui IRD, Sissoko Alain porté par ses savoir-faire en sociologie rurale versus sociologie du développement, a su conjuguer pragmatisme local et management d'ouverture. Il a fait de la criminologie une discipline autonome. Aussi, il faut insister sur le fait que la Criminologie a connu l'ascension qu'on lui reconnait aujourd'hui grâce au leadership du Professeur Alain Sissoko (1989-2000 et 2003-2016) en qualité de Doyen, mais aussi grâce au dynamisme de la jeune génération des Directeurs (Doyens), Monsieur Zépherin Goba Boliga (2000-2003), Monsieur Feu Henry Boah Yébouet (2016-2020) et le Directeur actuel, Monsieur BALLO Yacouba.

## 2.4. Des évolutions, des repères et des chiffres de la criminologie en Côte d'Ivoire

Les transformations structurelles de la criminologie, autant sur le plan de l'enseignement que sur le plan de la recherche en Côte d'Ivoire se sont réalisées grâce aux facteurs humains et politiques. L'institution « Criminologie » a inlassablement assumé cette vocation grâce à ses Enseignants-Chercheurs. Alors qu'elle en comptait quelques-uns venant en majorité de l'extérieur, l'UFR-Criminologie dispose de nos jours d'une cinquantaine d'Enseignants-Chercheurs, dont vingt (20) de rang A (04 Professeurs Titulaires et 16 Maitres de Conférences) et trente-trois (33) de rang B (24 Maitres-Assistants et 09 Assistants). On distingue parmi ceux-ci, sept (07) femmes et une quarantaine d'hommes qui assurent la formation des étudiantes et les étudiants en vue de leur dispenser un savoir-faire et un savoir-être. Ce personnel-enseignant est accompagné par des enseignants vacataires choisis pour la plupart dans le monde professionnel ou industriel dans la perspective de professionnalisation des enseignements. L'UFR-Criminologie en compte à ce jour douze (12), dont une (01) femme (Enseignant-chercheure).

Comme dans toute institution universitaire du genre, il y a aux côtés de ces deux catégories d'enseignants, le personnel administratif et technique (PAT) qui accomplit au quotidien des tâches nécessaires au bon déroulement des activités académiques et scientifiques de l'UFR-Criminologie. On en dénombre treize (13), dont quatre (04) femmes et neuf (09) hommes. Ce potentiel en ressources humaines dont dispose l'UFR Criminologie lui permet d'accueillir annuellement en formation, des étudiants ivoiriens et très souvent des étudiants provenant d'autres pays de l'Afrique de l'Ouest (Mali, Tchad, Niger...) et de l'Afrique Centrale (Gabon...). Elle a enregistré au titre de l'année 2020-2021 au total 1080 étudiant(e)s régulièrement inscrits, dont une trentaine en Thèse de Doctorat, cent vingt-neuf (129) en Master, quatre-vingt-quatorze (94) en Master 1, cent quarante-cinq (145) en Licence 3, deux cent vingt-trois (223) en Licence 2 et FIP 2, quatre cent vingt-trois (423) en Licence 1 et FIP1.

En termes d'infrastructures, l'UFR-Criminologie dispose en son sein pour ses activités pédagogiques d'un (01) amphithéâtre pour les cours magistraux (CM) et de quatre (04) salles pour les travaux dirigés (TD). Elle possède pour ses activités de recherches scientifiques, deux (02) laboratoires, à savoir LARESS (Laboratoire de Recherche Société et Sécurité) et LEPDV (Laboratoire d'Etude et de Prévention de la Délinquance et des Violences), qui ont été créés par la décision N° 20-14, UFHB du 16 décembre 2020, de la Présidence de l'université Félix Houphouët-Boigny.

L'UFR Criminologie possède six (06) Bureaux réservés au Directeur (Doyen) et ses deux adjoints (Vice-Doyens), au Secrétaire principal et son adjoint, à l'agent comptable et aux informaticiens, ainsi que deux (02) Bureaux pour les secrétaires administratif et académique et agents de Bureaux. Quarante-cinq Enseignants se partagent les sept (07) autres Bureaux qu'elle compte. Elle dispose d'une salle des conférences et des réunions, mais aussi d'une salle réservée aux aspirateurs chargés d'assurer la garde et de procurer le matériel didactique et les supports pédagogiques aux Enseignants.

# Chapitre II : Anatomie des Quarante années d'enseignement de la criminologie

A l'origine, la première vocation de la Criminologie en Côte d'Ivoire était de renforcer les compétences des acteurs du système de sécurité et de justice dans leur lutte contre le grand banditisme en Côte d'Ivoire. C'est cette mission qui a guidé l'esprit du premier décret de création, c'est-à-dire, **le** N° 69-54 du 22 Décembre 1969. Ce renforcement ne pouvant se faire que dans un espace dédié, l'université de Cocody étant la seule à cette époque, a été choisie pour porter ce projet très novateur. Naturellement, la vocation d'une institution universitaire étant l'enseignement et la recherche, la Criminologie en tant que science empirique, s'est intégrée dans l'espace universitaire dans un premier temps sans grande difficulté. La tutelle porteuse du projet au sein de l'université était la Faculté de droit. Cependant, pour des raisons d'ordre idéologique ou philosophique, la criminologie a été rattachée et détachée plus tard de la faculté de droit. Il faut dire que la vision française de la criminologie comme une discipline appendis de droit a cristallisé une crise de positionnement qui s'est soldée par une certaine autonomisation de cette discipline dans l'espace universitaire. Les premières activités pédagogiques ont été dominées par la recherche et l'enseignement. De cette période à nos jours, la recherche et l'enseignement ont connu plusieurs phases de développement, qu'il convient de restituer dans le temps.

# I. L'enseignement de la criminologie d'hier à aujourd'hui

Dans son évolution, l'enseignent de la Criminologie a connu des phases différentes en fonction des objectifs pédagogiques et des politiques assignés. D'une part, cet enseignement a tenu compte de la disponibilité des ressources pédagogiques (humaines et matérielles), d'autre part, il a été dispensé en relation avec les différentes reformes intervenues dans l'enseignement supérieur au sein des universités publiques en Côte d'Ivoire. Ainsi, on note les premiers enseignements dans le cadres des renforcements de capacité et le Diplôme d'Étude en Criminologie (DUC), les premiers enseignements dans le parcours licence dans le système traditionnelle, l'enseignement selon les Unités de valeurs (UV) et actuellement on note les enseignements en fonction des reformes du LMD.

## A-Des premiers enseignements de renforcement des capacités des acteurs de sécurité et de justice à la mise en place du DUC

De 1969 aux années 80, l'institut de criminologie naissant a été un centre de coopération de recherche et d'enseignement au sein de la faculté de droit de l'université d'Abidjan. Cette activité s'inscrivait dans le cadre de la coopération entre la Côte d'Ivoire et le Centre International de Criminologie Comparée de l'université de Montréal du Canada. Pendant cette période, bien que la majeure partie des activités soit consacré à des colloques annuels sur les sujets de criminalité, un intense programme de recherche a été mise en place. Les thèmes déjà mentionnés plus haut concernaient les besoins et les perspectives en matière de prévention du crime et du traitement du délinquant en Afrique occidentale, la criminalité réelle, apparente et légale en Afrique occidentale, la prévention du crime et planification, la Justice moderne et justice traditionnelle en Afrique occidentale, ont permis au premiers chercheurs coopérants et locaux de faire des productions scientifiques. Cette période a permis d'intégrer des enseignements de la criminologie dans le parcours des étudiants en droit carrière judiciaire. Elle a permis des renforcements des capacités des étudiants dans des filières de formation d'avocat (CAPA), des stagiaires dans des centres de formation de sécurité (Gendarmerie et police), des travailleurs sociaux et des acteurs de la justice juvénile. L'engouement suscité par les savoirs criminologiques va favoriser la création d'un cycle universitaire sanctionné par un diplôme universitaire appelé le DUC (Diplôme Universitaire en Criminologie) dont la durée était de trois ans. Ce parcours était sanctionné par un mémoire de recherche. Bien que naissant, le programme de formation a suscité beaucoup d'engouement dans le monde professionnel en Côte d'Ivoire. La capitalisation de cette expérience venue du Canada avec le Centre International de Criminologie Comparée va se traduire par la volonté de basculement dans un système d'enseignement universitaire classique. Ce projet qui apportait du sang nouveau dans le domaine des sciences sociales et sciences humaines permettait d'enrichir la jeune université de Cocody par une nouvelle discipline scientifique mais aussi de permettre à la Côte d'Ivoire de rentrer dans le cercle fermé des pays où la criminologie devenait une discipline scientifique constituée. C'était un privilège pour la Côte d'Ivoire car, ce grand pas, n'avait pas été encore franchir par la France, le pays colonisateur. Les différentes matières enseignées dans ce parcours sont présentées dans le tableau N°1 ci-dessous.

**Tableau N°1 : présentation des matières enseignées dans le parcours du DUC**

| Première année | Deuxième année | Troisième année |
|---|---|---|
| 1- Criminologie générale<br>2- Sociologie générale<br>3-Droit pénal général<br>4-Mathématiques et statistiques<br>5-Psychologie générale<br>6-Méthodologie<br>7-Introduction à l'étude du droit | 1-psycho-criminogenèse ;<br>2-Criminologie clinique,<br>3-penologie ;<br>4-Mathematiques et statistiques ;<br>5-Procedure pénale ;<br>6-Droit pénal Spécial ;<br>7- Socio-criminogenèse ;<br>8-Methodologie en criminologie ;<br>9-Anglais | 1- Délinquance et prévention ;<br>2- Délinquance aspect juridique et aspect socioculturel ;<br>3- Psychiatrie ;<br>4- Traitement et resocialisation ;<br>5- Criminalisation ;<br>6- Psychométrie et personnalité ;<br>7- Biologie et médecine légale ;<br>8- Statistiques ;<br>9- Méthodologie ;<br>10- Mémoire |

*Source : archives de la scolarité, donnée d'enquête, (2021)*

L'analyse du tableau N°1, montre que les disciplines enseignées pendant cette période sont relativement semblables à celles des années 1990. Il montre l'ancrage de la criminologie dans les sciences sociales et sciences humaines tel que voulu par les pères fondateurs de la Criminologie. La première année de formation est une concentration des disciplines des sciences sociales comme la sociologie, la psychologie, le droit et les mathématiques. On remarque une densification à la troisième année avec les disciplines de spécialisation en criminologie. Cette troisième montre une ouverture de cette formation vers l'intervention sociale auprès des jeunes délinquants.

Ce programme de formation a connu un succès dans la mesure où il a attiré des étudiants venants de plusieurs pays d'Afrique et des étudiants venants de plusieurs secteurs d'activité.

**Vignette N°1 : Disciplines du DUC selon l'archive du PV de la troisième année**

| DIPLOME UNIVERSITAIRE DE CRIMINOLOGIE | | | | | | | | | | | | |
|---|---|---|---|---|---|---|---|---|---|---|---|---|
| EPREUVES ECRITES | | | | | | EPREUVES ORALES | | | | | | |
| DELINQUANCE ET PREVENTION | DELINQUANCE JUVENILE | | PSYCHIATRIE | TRAITEMENT ET RESOCIALISATION | TOTAL ECRIT | CRIMINALISATION | PSYCHOMETRIE ET PERSONNALITE | BIOLOGIE ET MEDECINE LEGAL | STATISTIQUES | METHODOLOGIE | MEMOIRE |
| | ASPECT JURIDIQUE | ASPECT SOCIO-CUL | | | | | | | | | |
| 20 | 20 | 20 | 20 | 20 | 100 | 20 | 20 | 20 | 20 | 20 | 20 |

*Source : archives de la scolarité, donnée d'enquête, (2021)*

Le DUC a été victime cependant de son propre succès. En effet, il va naitre un débat sur le positionnement de la Criminologie dans l'espace universitaire. Le fondement de cette crise se structure à travers cette interrogation : la criminologie est-elle une matière appendis du droit ou la criminologie est une discipline universitaire autonome au sein de l'université ?

Les réponses à ce problème ont fragilisé et/ ou renforcé la criminologie dans l'espace universitaire. Cette fragilisation s'est traduite par le détachement administratif avec la faculté de droit et l'éloignement de la criminologie de tous les métiers de droit. Pire, cette crise s'est accentuée avec l'implication des premiers acteurs de l'institut de la criminologie dans les remous syndicaux et politiques à l'université au début des années 1980. Elle a aussi permis à la criminologie d'avoir une autonomie et de construire son ancrage académique au sein des disciplines des sciences sociales comme au Canada, avec l'Université de Montréal. En dépit, la Criminologie va continuer de se développer après ses moments de contradiction philosophique avec la réception des étudiants dans le cycle universitaire de DEUG

(Diplôme d'enseignement Universitaire Général) qui équivaut à deux années d'enseignement et la licence qui sanctionne la troisième année de formation. Ce changement dans l'architecture de la formation a ouvert la criminologie sur le monde de la communauté universitaire nationale et internationale.

## B-Du DUC aux enseignements de licence

Des débuts de la décennie 1980 jusqu'à l'année 1988, l'institut de criminologie reçoit des vagues successives de nouveaux bacheliers dans un cycle d'étude de trois années. C'est le départ de la démocratisation de la formation en Criminologie. Ce sont des petits effectifs de trente étudiants qui sont formés dont un tiers venait de la sous-région ouest africain et de l'Afrique centrale précisément du Tchad et du Gabon. La photographie ci-dessous du procès-verbal donne une idée des disciplines enseignées. On note une spécialisation vers l'intervention sociale auprès des délinquants en termes de prise en charge, de traitement et de resocialisation en vue de la prévention de la récidive.

**Vignette N°2 : Maquette de la licence de criminologie 1988-1989**

PROCES-VERBAL

LICENCE DE CRIMINOLOGIE

ANNÉE UNIVERSITAIRE 1988. / 1989

Sessionde juin
Session d'octobre

| EPREUVES ÉCRITES | | | | | | EPREUVES ORALES | | | | TOTAL GENERAL | RESULTATS OBSERVATIONS |
|---|---|---|---|---|---|---|---|---|---|---|---|
| | Délinquance juvénile | | | | | | | | | | |
| Délinquance et prévention | Aspects juridiques | Aspects psycho-socio c. | Criminologie clinique | Traitement et resocialisation | TOTAL ECRIT | Initiation à la psycho-métrie | Méthodologie de la recherche en criminologie | Initiation à l'Education surveillée | TOTAL ORAL | | |
| /20 | /20 | /20 | /20 | /20 | /100 | /20 | /20 | /20 | /80 | /180 | |

*Source : archives de la scolarité, donnée d'enquête, (2021)*

Les matières enseignées dans ce parcours sont quasi identiques aux disciplines du DUC. Le programme est cependant allégé de trois matières (la biologie et médecine légale, la psychiatrie et la criminalisation) d'une part et d'autre part, une nouvelle discipline éphémère est intégrée, il s'agit de l'éducation surveillée. Les deux disciplines de la police scientifique et technique qui sont la biologie et la médecine légale sont renvoyées en année de Maîtrise. Comme dans le parcours du DUC, les évaluations se faisaient sur table, une composition par écris pour des disciplines et à une évaluation à l'orale pour d'autres matières. Cette période marque le début de l'intégration véritable et l'appropriation du savoir criminologique dans l'institution universitaire en Côte d'Ivoire avec la délivrance des diplômes de premier et second cycle Universitaire. Ce processus connaitra une évolution avec l'instauration de la maîtrise.

## C- De la licence à la maîtrise

L'année universitaire 1989-1990 marque le début des enseignements de la maîtrise en Criminologie. Ils viennent compléter le second cycle universitaire ouvert depuis quelques années. On assiste à un aménagement de la maquette et des enseignements. En effet, des disciplines déjà enseignées en troisième année du DUC, se retrouvent en maîtrise. Les principales matières enseignées sont : Développement de la personnalité du délinquant, pratique pénale pour mineur et adulte, approche sociologique de la prise en charge du délinquant, criminologie clinique : traitement des délinquants en milieu institutionnel, criminologie clinique : psychométrie et examen psychologique, analyse des crimes dans leurs manifestations spécifiques, aspects biologiques de la criminalité et mémoire. La maîtrise de criminologique débouchaient théoriquement sur les savoirs, savoir-faire et métiers de l'intervention sociale auprès des délinquants et criminels.

**Vignette N°3 : Maquette de la maîtrise de criminologie 1988-1989**

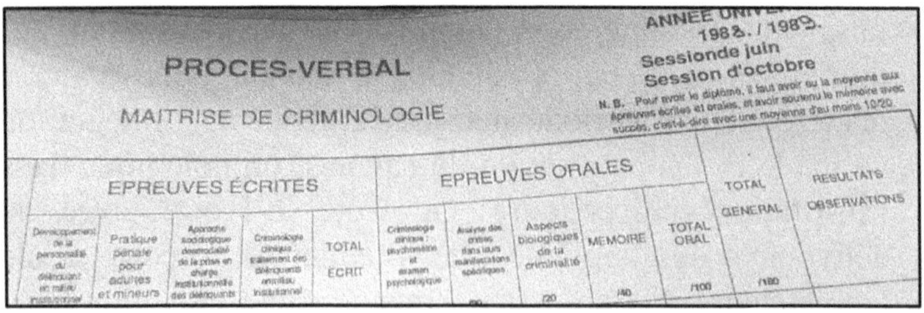
PROCES-VERBAL

MAITRISE DE CRIMINOLOGIE

ANNEE UNIV...
198 8. / 198 9.
Sessionde juin
Session d'octobre
N. B. Pour avoir le diplôme, il faut avoir ou la moyenne aux épreuves écrites et orales, et avoir soutenu le mémoire avec succès, c'est-à-dire avec une moyenne d'au moins 10/20.

| EPREUVES ÉCRITES | | | | | EPREUVES ORALES | | | | | TOTAL GENERAL | RESULTATS OBSERVATIONS |
|---|---|---|---|---|---|---|---|---|---|---|---|
| [illegible] | Pratique pénale pour adultes et mineurs | [illegible] | [illegible] | TOTAL ÉCRIT | [illegible] | [illegible] | Aspects biologiques de la criminalité /20 | MEMOIRE /40 | TOTAL ORAL /100 | /180 | |

*Source : archives de la scolarité, donnée d'enquête, (2021)*

L'instauration de la maîtrise de recherche va renforcer le caractère universitaire des enseignements et la consolidation du second cycle universitaire. La production de mémoire universitaire a permis d'enrichir les connaissances criminologiques sur les phénomènes de marginalité sociale. De 1989 à 1999, la maquette connaitra de légères modifications comme en témoigne la vignette N° 4 ci-dessous de l'année 1999 soit dix années plus tard.

**Vignette N°4 : Matières de la maîtrise de criminologie année 1999**

| Matières | Coef. |
|---|---|
| MARGE DISSOCIALE | 1 |
| CRIMINOLOGIE CLINIQUE | 1 |
| NICHES DE DEVELOPPEMENT | 1 |
| SOCIOLOGIE DU MILIEU CARCERAL | 1 |
| POLITIQUE PENALE | 1 |
| PSYCHOMETRIA | 1 |
| BIOLOGIE CRIMINELLE | 1 |
| POLICE TECHNIQUE | 1 |
| MEMOIRE. | 2 |

*Source : archives de la scolarité, donnée d'enquête, (2021)*

De ce qui précède, on note la modification des intitulés de certaines disciplines et l'intégration de nouvelles matières. Les modifications des intitulés sont relatives aux disciplines suivantes : Niches de développement, politique pénale, psychométrie.

Les disciplines intégrées dans ce curricula après sont *Police Technique, la sociologie du milieu carcéral et* le cours *de Marge dyssociale.* Ces évolutions témoignent du dynamisme des acteurs de l'institution, qui ont voulu sans cesse répondre aux exigences du développement de la science et du marché de travail. La création du troisième cycle universitaire en criminologie s'inscrit dans la suite logique du dynamisme des acteurs.

## D- De la maîtrise aux études doctorales

Le passage de la maîtrise à la formation Doctorale est considéré comme une mini-révolution en ce sens que la criminologie était le seul département d'enseignement où il n'en n'existe pas. Il fallait obtenir une bourse étrangère pour prétendre poursuivre ses études dans une université française ou Canadienne. Il faut dire que la consolidation de la maîtrise a favorisé la formation des cadres de hauts niveaux (BAC+ 4), qui ont occupé des fonctions importantes. Cependant, la question du renouvellement des savoirs et le recrutement des enseignants sont restés sans réponses pendant longtemps. En effet, les données empiriques des mémoires de maîtrise ne permettant pas d'élaborer des corpus d'enseignement scientifiquement solide, le besoin en données empiriques pertinentes va nourrir les ambitions de développement des acteurs les plus influents de cette période. Il s'agit notamment du Professeur Alain Sissoko, de Monsieur Raymond Koudou Kessié et du Professeur Opadou Koudou. Le besoin en enseignants criminologues de spécialité demeurait Aussi comme un casse-tête. Le recours aux vacataires, bien qu'étant très utile, paralysait quelque fois le fonctionnement académique. Ainsi, le projet de Création d'un cycle doctoral sera porté par l'équipe de gestion et accepté par la tutelle, l'université de Cocody, dans le courant de l'année 2000. L'offre académique s'est structurée autour de la thématique des marginalités juvéniles en Afrique noire. Il sera mis en place deux options d'étude de Criminologie. Il s'agit de la sociologie criminelle placée sous la direction du professeur Alain Sissoko et la psychologie Criminelle placée sous la direction de Monsieur Raymond Koudou Kessié. Ainsi, il va naitre un autre engouement à la formation en criminologie en Côte d'Ivoire. Il s'agit de la formation des premiers docteurs qui seront les futurs viviers du grand remplacement du corps enseignant vieillissant et le prestige du doctorat comme diplôme suprême de l'enseignement supérieur. Ce sont les deux vecteurs de cette attraction qui ont permis la survie de la criminologie. Aujourd'hui, nous pouvons dire que ce projet a atteint ces objectifs voire dépassé les résultats escomptés pour devenir obsolète. En effet, l'attraction suscitée par ce projet a fait croitre le nombre sans cesse des postulants et faire exploser le nombre de docteurs formé sans emploi. En l'espace de vingt-ans de formation doctorale, il a été formé environ cent-dix docteurs en criminologie. Cependant, les questions budgétaires, le nombre de places d'enseignants disponibles corrélés au manque de projet professionnel des docteurs questionnent la nécessité de former encore des docteurs de nos jours. Une réforme s'impose face à cette situation, qui de loin, n'est pas propre à la seule criminologie. Il s'agit de tout le système de diplomation des universités publiques en Côte d'Ivoire. A titre d'exemple, en 2021, le nombre de postulants docteurs à un métier d'enseignant dans les universités publiques, avoisine les 2500 docteurs. Par ailleurs, l'originalité de la formation se traduit dans l'ancrage des recherches scientifiques relatives à la marginalité juvénile telle que le montre la toute première maquette d'enseignement du diplôme d'Étude Approfondi (DEA) en 2002.

**Vignette N°5 : présentation des matières du Diplôme d'Étude Approfondi (DEA) un « spécimen de relevée de notes »**

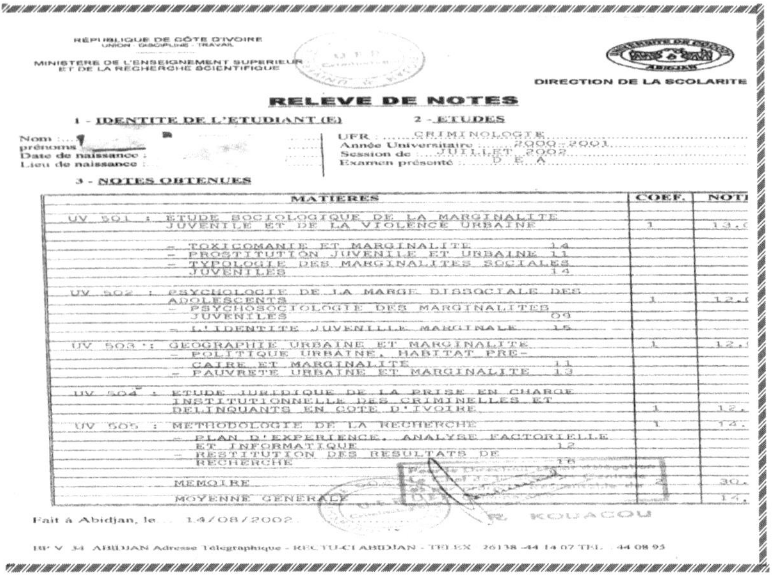

RÉPUBLIQUE DE CÔTE D'IVOIRE
UNION - DISCIPLINE - TRAVAIL

MINISTERE DE L'ENSEIGNEMENT SUPERIEUR ET DE LA RECHERCHE SCIENTIFIQUE

DIRECTION DE LA SCOLARITE

**RELEVE DE NOTES**

1 - IDENTITE DE L'ETUDIANT (E)

Nom :
prénoms
Date de naissance :
Lieu de naissance :

2 - ETUDES

UFR : CRIMINOLOGIE
Année Universitaire : 2000-2001
Session de : JUILLET 2002
Examen présenté : D E A

3 - NOTES OBTENUES

| MATIERES | COEF. | NOTE |
|---|---|---|
| UV 501 : ETUDE SOCIOLOGIQUE DE LA MARGINALITE JUVENILE ET DE LA VIOLENCE URBAINE | 1 | 13. |
| - TOXICOMANIE ET MARGINALITE 14 | | |
| - PROSTITUTION JUVENILE ET URBAINE 11 | | |
| - TYPOLOGIE DES MARGINALITES SOCIALES JUVENILES 14 | | |
| UV 502 : PSYCHOLOGIE DE LA MARGE DISSOCIALE DES ADOLESCENTS | 1 | 12. |
| - PSYCHOSOCIOLOGIE DES MARGINALITES JUVENILES 09 | | |
| - L'IDENTITE JUVENILLE MARGINALE 15 | | |
| UV 503 : GEOGRAPHIE URBAINE ET MARGINALITE | 1 | 12. |
| - POLITIQUE URBAINE, HABITAT PRECAIRE ET MARGINALITE 11 | | |
| - PAUVRETE URBAINE ET MARGINALITE 13 | | |
| UV 504 : ETUDE JURIDIQUE DE LA PRISE EN CHARGE INSTITUTIONNELLE DES CRIMINELLES ET DELINQUANTS EN COTE D'IVOIRE | 1 | 12. |
| UV 505 : METHODOLOGIE DE LA RECHERCHE | 1 | 14. |
| - PLAN D'EXPERIENCE, ANALYSE FACTORIELLE ET INFORMATIQUE 12 | | |
| - RESTITUTION DES RESULTATS DE RECHERCHE 16 | | |
| MEMOIRE | 2 | 30. |
| MOYENNE GENERALE | | 14. |

Fait à Abidjan, le 14/08/2002

KOUACOU

BP V 34 ABIDJAN Adresse Télégraphique - RECTU-CI ABIDJAN - TELEX 26138 -44 14 07 TEL. 44 08 95

*Source : données d'enquête 2021, archive personnelle*

Les disciplines enseignées respectent le caractère pluridisciplinaire des enseignements de la Criminologie avec les matières de sociologie, de psychologie, de géographie, de droit et de la méthodologie.

Cependant, on note une insuffisance des disciplines de la criminologie qui tiennent compte du corpus développé de la criminologie moderne. On trouve en filigrane dans ces enseignements, des matières qui sont en rapport avec la criminologie dite intégrationniste et / ou de la criminologie culturaliste.

De 2001 à 2014, les cours dispensés au troisièmes cycle de criminologie ont connu des changements en fonction des disponibilités des enseignants et des reformes dans le système de l'enseignement supérieurs. Parmi ces réformes, on note, après la crise post-électorale de 2011, le basculement intégral dans le système Licence-Master-Doctorat intervenu à la rentrée Universitaire 2012- 2013. De nos jours, à partir de 2020, les formations doctorales sont détachées des autres enseignements pour être intégrées dans une école doctorale. Ce changement conduit à faire un bilan des pratiques pédagogiques de la Criminologie.

## II-Architecture de la pédagogie de l'enseignement de la criminologie en Côte d'Ivoire

Les enseignements en criminologie ont débuté avec le DUC, le diplôme universitaire en Criminologie au début des années 1980, avant d'évoluer avec la mise en place de la licence et la maîtrise de criminologie. Ce parcours a connu des méthodes d'enseignement et d'évaluation des étudiants bien plus classiques que particulières. Elle peut être classifiée en trois phases. On a le système traditionnel des moyennes pondérées, le système des unités de valeurs et le système LMD.

### A-Système traditionnel des moyennes pondérées

La moyenne pondérée dans l'évaluation consiste à attribué à chaque discipline une note dont le calcul se fait en fonction du coefficient et de la note. La moyenne obtenue se fait en fonction de la somme des notes divisées par le coefficient total des matières. Généralement, toutes les matières ont des coefficients équivalents. Cette phase a duré des débuts des enseignements de la criminologie jusqu'au début des années 2000 avec la mise en place du système des unités de valeurs.

En termes d'effectifs, la population estudiantine de cette période était composée à la fois de professionnels, des récipiendaires en formation continue et un peu plus tard par les étudiants bacheliers orientés. En nombre restreint, autour de 20 personnes au départ, les cours sont dispensés sous forme de cours magistraux, des travaux pratiques (TP) et des sorties de terrain. Les enseignants sont en majorité des vacataires venant de la sous-région ouest Africaine et d'Afrique centrale et un petit nombre de la faculté de droit et du département de la psychologie.

Les disciplines dispensées peuvent être classées en cinq grandes familles. Criminologie, Sociologie, psychologie, droit et disciplines annexes telles que la biologie, les statistiques et la méthodologie. Quant aux évaluations, on note trois types d'examen : le partiel, la première session et la deuxième session.

Les examens de passage de niveau sont organisés en deux phases : les examens écrits et les examens oraux. Dans la pratique, seuls les étudiants ayant obtenu la moyenne de 10/20, avec la prise en comptent des notes du partiel, sont déclarés admissibles, qui sont autorisés à prendre part à l'examen oral. A la suite de l'évaluation à l'oral, les étudiants ayant obtenu la moyenne sont déclarés admis. Dans le calcul des moyennes, la valeur des notes issues des examens du partiel compte coefficient un et l'examen écrit compte coefficient deux. Pour la deuxième session, les notes des examens de partiel ne sont pas prises en compte.

Les cycles d'enseignement sont de deux niveaux. Au départ, nous avons un cycle unique de trois ans d'enseignement sanctionné par le diplôme de criminologie dénommé DUC. La troisième année du DUC est sanctionnée par un mémoire de licence. Après le DUC est transformé en licence avec deux niveaux. On a le premier cycle sanctionné par le DEUG de criminologie en deux ans et la licence pour le deuxième cycle organisé sur un an. Avec l'instauration de la maîtrise en 1989, le deuxième cycle comporte deux diplômes : la licence et la maîtrise de criminologie. La maîtrise est délivrée au départ après la soutenance du mémoire de maîtrise sanctionné par une note supérieure à 10. Par la suite, des reformes ont permis de créer une « maîtrise sur table », c'est-à-dire les étudiants qui ne produisent pas de mémoire et une maîtrise de recherche. Le but de cette réforme était de désengorger le deuxième cycle universitaire. On note, dans cette phase de l'enseignement de la criminologie la quasi absence des travaux dirigés (TD) et des travaux pratiques (TP). Cette situation pourrait s'expliquer par l'insuffisance des salles de cours, par le nombre très réduit des enseignants de spécialités et le faible effectif des étudiants.

## B- Système des unités de valeurs

Les reformes de l'enseignement avec l'intégration des unités de valeurs dans les universités publiques ont débuté dans la moitié des années 1990. Cependant, c'est au début des années 2000 qu'elle a été appliquée en criminologie. A la différence du système de la moyenne pondérée, toutes les disciplines sont sanctionnées par une moyenne de 10/20 pour être validées, et passée en année supérieure ou pour obtenir un diplôme. Cette période est marquée par l'accroissement de la demande de formation en criminologie en générale et en particulier l'évolution exponentielle des effectifs d'inscription dans les filières du premier et second cycle.

**Tableau N°2 : Evolution de l'effectif des étudiants en criminologie de 2003 à 2010**

| Nb d'étudiant par Année / Cycles | 2004 | 2005 | 2006 | 2007 | 2008 | 2009 | 2010 |
|---|---|---|---|---|---|---|---|
| **1er Cycle** | 1189 | 2239 | 3286 | 3444 | 3589 | 3154 | 2020 |
| **2ème et 3ème Cycle** | 1308 | 1798 | 2153 | 2145 | 2124 | 1864 | 2332 |
| **Total** | **2497** | **4037** | **5439** | **5689** | **5713** | **5018** | **4332** |

*Source : Bakayoko (2018)*

Les disciplines enseignées ne sont pas assez différentes de la période précédente. Cependant, les pratiques pédagogiques se densifient avec l'instauration des travaux dirigés dans les disciplines dites fondamentales (Sociocriminologie, Psychocriminologie et sciences criminelles). On note un accroissement du nombre des enseignants permanents. Cette augmentation est due au retour des doctorants des universités étrangères (Université de Toulouse, Montpelier, Bordeaux et de Montréal) et la formation des docteurs locaux, l'effectif des enseignants vacataires se décroit comparativement.

Aussi, on note qu'avec, les effectifs pléthoriques, l'insuffisance des infrastructures et bien d'autres conjonctures, les examens de partiels et les examens à l'oral sont abandonnés. Les goulots d'étranglement sont provoqués par le taux d'échec très élevés au premier cycle.

Des filières de formation individuelle permanente (FIP) sont créées en Criminologie comme mesure alternative, à l'instar des autres filières. La maîtrise sur table permet de réguler le flux des étudiants au second cycle en année de maîtrise avec pour contrecoup, la faiblesse du niveau des étudiants. Une des conséquences de cette période est aussi l'accroissement du nombre de diplômé en criminologie qui ne parviennent plus à s'insérer socialement. C'est dans ce contexte qu'intervient le basculement intégral dans le système Licence-Master-Doctorat.

## C- Système Licence Master Doctorat (LMD)

Le basculement intégral intervient à la rentrée universitaire 2012-2013. Cette réforme souhaitée par les décideurs, pourtant rejetée par les enseignants, a été facilitée avec la fermeture des universités à la faveur de la crise politique. La criminologie, à l'instar des autres sont sommées de mettre en place des parcours avec des mentions de formation et de les professionnaliser. Pour la petite histoire du système LMD, il faut dire qu'elle est une directive du RESAO sous la recommandation de l'UEMOA qui date de 2007. La Cote d'Ivoire l'adopte en 2008 avec un décret présidentiel et ce n'est bien plus tard, en 2011, qu'un arrêté ministériel est pris pour instituer son application dans les universités publiques.

C'est dans le contexte de la réouverture des universités publiques après la crise postélectorale de 2011 que trois parcours ont été créés ou sont en expérimentation. Il s'agit des mentions réinsertion sociale, victimologie et prise en charge et de la coordination locale de la sécurité. Le système LMD change radicalement les méthodes d'enseignement et d'évaluation. Des travaux dirigés sont faits dans tous les enseignements et sont sanctionnés par des notes. Le volume des heures d'enseignement s'est amoindri avec le temps personnel de l'étudiant (TPE), le recrutement de jeunes assistants et la baisse constante des effectifs d'étudiants.

L'effectif des étudiants a connu une certaine baisse avec les embrouilles dans le système d'orientation et la crise de l'emploi en général. En effet, le rattachement de la criminologie dans le domaine RESAO, de formation en droit au début de la réforme et les contre-publicités du ministre de l'enseignement supérieur de cette période sur les filières des sciences sociales, ont entamé l'image de la formation en criminologie.

Le corps enseignant s'est renouvelé par le rajeunissement de l'effectif avec la présence du corps féminin. Il est composé spécifiquement d'enseignants permanents, cependant, il y a quelques vacataires. Des départements d'enseignement sont en gestation avec la création de deux laboratoires. Selon Bakayoko (2018), les reformes du LMD ont révélées les difficultés de la criminologie à se trouver une voie d'originalité par rapport à la définition des parcours qui influencent négativement la question de l'accès aux emplois, aux fonctions et métiers de type criminologue.

Pour mieux cerner les difficultés dans la mise en place de cette réforme LMD, une étude d'autoévaluation récente effectuée en Criminologie sur les offres de formation, a mis en relief des insuffisances et des défis à relever. On peut citer entre autres :

- Le Manque de volonté ou ignorance de la procédure de faire une étude du marché avant la création d'une offre de formation ;
- L'Absence d'étude de prospection, les attentes des milieux socioprofessionnels ne sont pas connues avec la

non-implication du secteur privé dans l'élaboration des offres de formation ;

- L'offre de formation ne tient compte d'aucune politique ou plan de développement institutionnel (inexistant ou non diffusé) ;
- Les modalités pédagogiques liées aux objectifs de la formation ne sont pas décrites ;
- L'offre de formation ne s'inscrit pas dans un cadre national et international, avec l'absence de conventions, et zéro partenariat ou conventions avec des établissements au plan national, régional et international ;
- L'offre de formation ne prévoit pas de manière explicite (les modalités) l'importance et la place des stages dans l'apprentissage ;
- L'Absence de service de stage fonctionnel et des données sur le taux de diplômés de manières générale et le taux d'insertion des diplômés.

En définitive, l'instauration du système LMD, apporte un changement véritable dans les pratiques pédagogiques avec l'intention de professionnaliser les filières d'enseignement. Elle permet d'arrimer le pays au reste du monde. Cependant, il reste un processus sous financé et mal appliqué, situation qui génère des tensions internes à des disciplines très peu enseignés à l'échelon régional comme la criminologie.

# Chapitre III : Trente ans de recherches en criminologie

C'est à partir de 1989 qu'a été ouvert le cycle de maîtrise en criminologie. On considère cette date comme étant le début de la recherche en criminologie. On sait que cette étape a été précédée par des mémoires de licences. Les recherches doctorales, quant à elles, ont commencé après l'ouverture du troisième cycle avec les premiers étudiants du doctorat en 2003. La première soutenance de thèse de doctorat a lieu en juin 2006. La recherche dans le domaine de la criminologie est dynamique. Elle ne se limite pas aux activités des étudiants. Il y a les recherches produites par les enseignants. Ces lignes ci-dessous retracent les grands aspects du développement de la recherche criminologique en Côte d'Ivoire.

## I- Mémoires de recherche : maîtrise et master

**Tableau N°3 : Production des mémoires de fin du deuxième cycle en Criminologie**

| Périodes | 1989-1999 | 1999-2009 | 2009-2019 | 2019- 2021 | N |
|---|---|---|---|---|---|
| **Nombre de mémoires produites** | 121 | 423 | 577 | 35 | 1156 |
| **%** | **10.4 %** | **36.5 %** | **49,9 %** | **03 %** | **100%** |

*Source : donnée d'enquête 2021*

La production des mémoires de maîtrise a commencé timidement en 1989, avant de connaitre une véritable ascension entre 1999 et 2009. Cette période est réputée d'être la période faste ou les études criminologiques ont connu un certain engouement avec la massification dans les filières du premier et second cycle de la formation en criminologie. On note en moyenne quarante-deux (42) mémoires soutenus annuellement. Quant aux mémoires de Master, ils ont été institués avec le basculement dans le système LMD à partir de 2013. De cette période à 2015, phase transitoire de la réforme, le système a permis les soutenances de maîtrise pour ceux qui le souhaitait et les soutenances de master. C'est en cela qu'on retrouve un record de production de 577 mémoires soutenues dans la décennie 2009 et 2019. On note également un ralentissement dans les soutenances dans les dernières années, situation qui s'explique sans doute, non seulement par la baisse des effectifs mais aussi par les difficultés et les faiblesses des étudiants à satisfaire aux exigences du travail de recherche. Les reformes mettent en reliefs des options de recherche en réinsertion sociale des délinquants, en prise en charge de victimes et la sécurité. Ces domaines sont difficilement accessibles en termes de disponibilité des données empiriques. En termes de répartition par sexe des étudiants, on note une parité de 76 % de sexe masculin contre 26 % féminin. Cependant les catégories d'acteurs ciblés par les recherches des maitrisards sont d'une diversité importante comme le montre le graphique N°1, ci-dessous.

**Graphique N°1 : Catégories sociales touchées par les recherches maîtrise/master de 1989 à 2021**

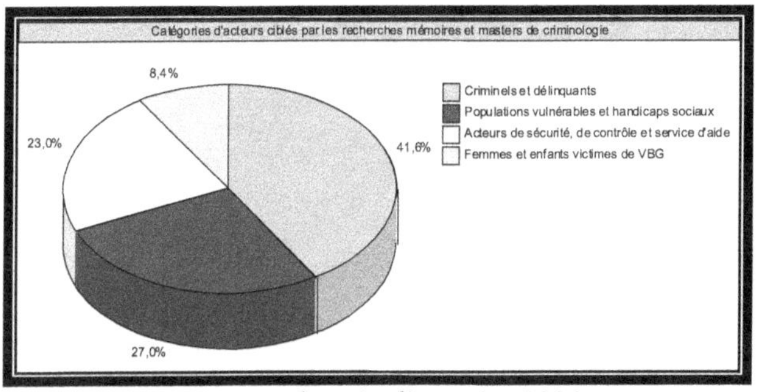


*Source : donnée d'enquête 2021*

Le graphique montre quatre (4) groupes d'acteurs ciblés par les recherches en Criminologie. Il apparait trois importants groupes cibles. On note que 41,6 % des études ont été consacrées aux groupes cibles des délinquants et criminels dans les institutions pénitenciers et/ou de réinsertion.

Ensuite viennent les populations vulnérables avec 27 % eu-égard à la thématique de la prise en charge des marginalités sociales et les populations vulnérables (enfants de la rue, jeunes marginaux). Aussi, 23% des recherches sont relatifs aux acteurs institutionnels de contrôle sociale notamment les forces publiques (Police, gendarmerie, douane), les administrateurs de contrôle (impôt, trésor et finance) et les services d'aide éducatifs (éducateurs des services sociaux, service scolaire). Enfin, 8,4 % des études ont été consacrées à la problématique des victimes des violences basées sur le genre. Ces recherches se sont inscrites dans plusieurs thématiques de recherches dont les orientations criminologiques présentent une panoplie de faits sociaux comme l'indique le graphique N°2 ci-après.

**Graphique N°2 : Orientations criminologiques des mémoires et maters soutenus de 1989 à 2021**

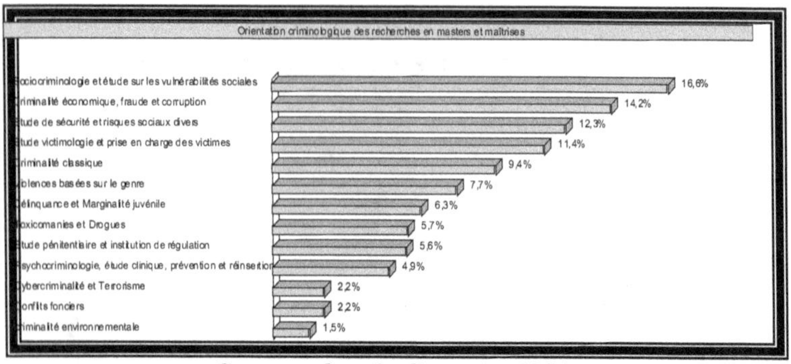


*Source : donnée d'enquête 2021*

La lecture de tableau-graphique montre une richesse des sujets abordés dans les mémoires de recherche de niveau maîtrise et Master. Les phénomènes les plus abondamment étudiés par ordre d'importance dans ces mémoires sont :

- Les Études sur les vulnérabilités sociales qui conduisent à la délinquance juvénile ;
- La criminalité économique ;
- Les Études de sécurité et les risques divers comme les conflits, les drogues ;
- Problématique de la prise en charge des victimes ;
- Les Études relatives à la criminalité ordinaire (atteintes aux biens et à l'intégrité physique).

Les sujets les moins abordés sont relatifs aux risques émergents de notre époque sont :

- Les Études portant sur le terrorisme ;
- La criminalité environnementale ;
- La cybercriminalité.

En résumé, il faut noter que les recherches en criminologie dans le cadre de la production des mémoires de maîtrise et de Master sont d'une richesse certaine. Elles constituent une mine inexploitée en termes de savoirs sur le phénomène criminel en Côte d'Ivoire. Ces recherches manquent de valorisation, d'où un impact social faible.

## II-Recherches doctorales

Débutée à partir de 2006, la production des thèses ou la recherche doctorale connait une évolution croissante. La recherche en criminologie reflète bien l'image des phénomènes sociaux marginaux de la société ivoirienne. Elles concernent à la fois les conséquences des crises sociopolitiques, le phénomène criminel proprement dit et les marginalités sociales. Le tableau N°3 ci-dessous indique un total de 117 thèses soutenues.

**Tableau N°4 : Production thèse de Doctorat en Criminologie de 2006 à 2021**

| Périodes | 2006-2010 | 2010-2014 | 2014-2018 | 2018-2021 | Total |
|---|---|---|---|---|---|
| Nombre de thèses produites | 10 | 36 | 27 | 44 | 117 |
| % | **08.54 %** | **30.76 %** | **23.07 %** | **37.60 %** | **100%** |

*Source : donnée d'enquête 2021*

Les quatre premières années, de 2006 à 2010, avec un total de dix (10) thèses, le début de la recherche doctorale se fait difficilement.

Cependant, avec l'accroissement du personnel d'encadrement, les productions des thèses augmentent pour atteindre un pic entre 2018 et 2021, avec un total de 44 thèses produites. Les docteurs formés, auteurs des thèses sont en majorité de sexe masculin. On note dans cette population comme l'indique le graphique N°3 ci-dessous, une proportion de jeunes chercheurs 81,50 % de sexe masculin et 18,50 de sexe féminin.

**Graphique N°3 : Proportion des sexes des acteurs de recherches doctorales**

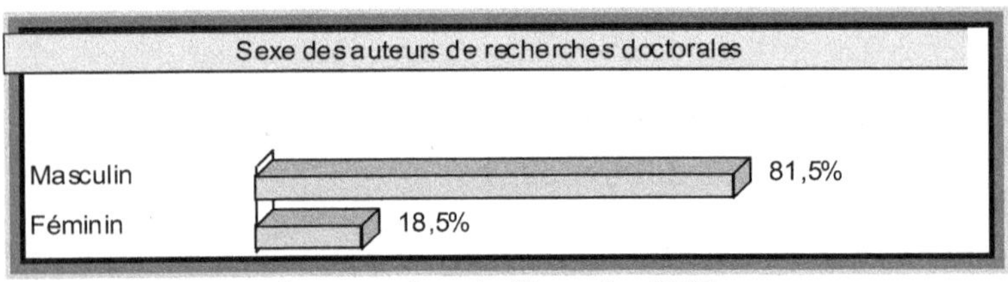


*Source : donnée d'enquête 2021*

Les acteurs ciblés par les recherches doctorales sont autant variés comme la recherche en maîtrise et en master. Dans le graphique N°4 ci-dessous, on note que les cibles visées par cette recherche concernent les populations vulnérables (42,4 %) sont importantes à cause de leur implication dans les marginalités sociales.

**Graphique N°4 : Catégories sociales touchées par les recherches Doctorales**

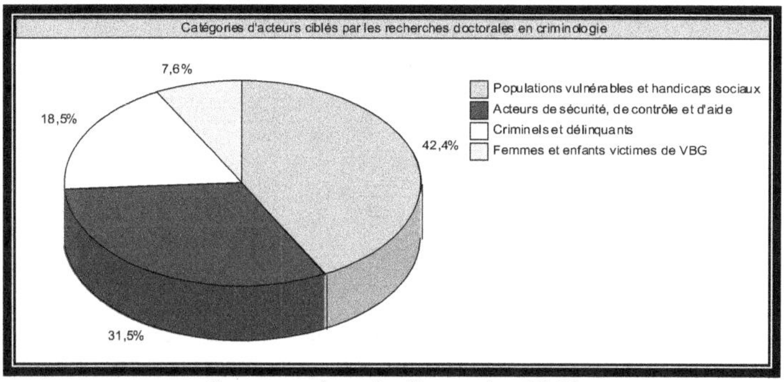


*Source : donnée d'enquête 2021*

Par ailleurs, 31,8 % des recherches s'intéressent aux acteurs institutionnels dans leur lutte contre la criminalité. Il s'agit entre autres, de policiers, d'administrateurs et d'éducateurs ou de travailleurs sociaux dans les activités de protection des mineurs délinquants et la prise en charge des handicaps sociaux. Également, on trouve l'enfance délinquante et les criminels (18,8%) comme cible prioritaire des études en Criminologie. En outre, les victimes des violences basées sur le genre sont concernées à hauteur de (07,6 %). Les catégories d'acteurs ciblés sont en relations avec les orientations des sujets et les thèmes de recherche en thèse de doctorat comme le montre le graphique N°5 ci-après.

**Graphique N°5 : Orientations criminologiques des thèses en criminologie de 2006 à 2021**

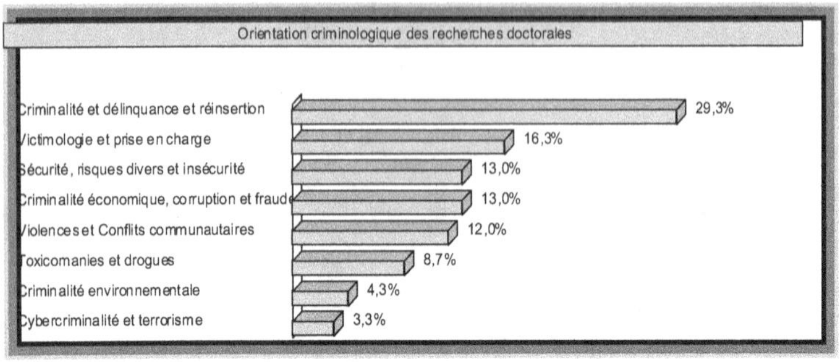


*Source : donnée d'enquête 2021*

Les travaux doctoraux ont été réalisés dans deux options de recherche. Il s'agit de la sociologie criminelle et de la psychologie criminelle. On remarque qu'environ un tiers (29,3 %) de ces travaux de recherches doctorales sont consacrés aux questions de criminalité et la réinsertion des délinquants dans les établissements de rééducation. Ensuite, viennent les travaux sur les vulnérabilités sociales, les situations de victimisation et leur prise en charge (16,3 %). Les questions de sécurité, d'insécurité avec les risques divers représentent (13 %) des travaux. Quant à la criminalité économique, elle représente (13 %) des travaux et ces études ont porté sur la corruption et la fraude. Alors que (12 %) des travaux ont été consacrés à la problématique de la violence et de conflits communautaires. Aussi, environ (9 %) des travaux ont été consacré aux questions de drogues, toxicomanie et criminalité. Par ailleurs, on note une faible proportion de recherches consacrée à la criminologie verte c'est-à-dire la criminalité environnementale (4,3 %) et sur les risques émergents (03,3 %), c'est-à-dire la cybercriminalité et les questions de terrorisme. Ces recherches bien que diversifiées, demeurent très peu valorisées voire non publiées dans des maisons d'édition dans la majorité des cas. Seuls les articles des enseignants-chercheurs sont valorisés par les publications dans certaines revues de grand impact dans le réseau de criminologie sur le plan international.

## III-Articles scientifiques des enseignants chercheurs

Avec un effectif d'une cinquantaine d'enseignant-chercheurs, les productions scientifiques connaissent un certain dynamisme avec les examens de promotion et de concours de changement des grades avec le Conseil Africain et Malgache de l'Enseignement Supérieur (CAMES) auxquels les enseignants de criminologie postulent. On enregistre environ un total de quatre cent trente (430) articles scientifiques publiés dans les revues à comité de lecture nationale et internationale et des articles dans des revues internationales à impact facteur. Au vu des résultats dans les examens de passage de grade des enseignant-chercheurs dans les examens du Conseil Africain et Malgache de l'Enseignement Supérieur (CAMES), on peut dire que ces productions scientifiques sont de bonne qualité. Les thématiques abordés par ces articles sont aussi variées que les sujets des thèses de doctorat. Ils questionnent toutes les dimensions de la criminologie scientifique. Aussi, des contributions des enseignants sont publiées sous forme de livres. On note une dizaine, qui apparait très peu relativement au nombre d'enseignant et le nombre d'année d'activité. Cependant, le véritable défi de toute formation et toute activité de recherche demeure l'impact social.

# Chapitre IV : Impact social de la criminologie en Côte d'ivoire

L'efficacité interne d'un domaine de formation se mesure par la pertinence des offres de formation et la qualité des diplômes qu'il émet. Les diplômes issus de la formation en criminologie en Côte d'Ivoire sont le DEUG, la licence, la maîtrise, le Master, le DEA et le Doctorat. Il n'y a pas de formation dite professionnelle ou professionnalisant et des formations « *certifiantes* » de courte durée. Ces diplômes ont une reconnaissance nationales et internationales de par le rayonnement et le positionnement de l'université Félix Houphouët-Boigny dans l'espace locale et dans l'espace international avec le CAMES (Conseil Africain et Malgache de l'Enseignement Supérieur). Cependant, l'efficacité externe de la formation se mesure à travers les domaines d'activité professionnelle, l'employabilité des formés et l'utilité de la pertinence sociale de la recherche scientifique. Cette efficacité externe demeure un problème et un défi à relever au niveau de la criminologie en Côte d'Ivoire. La question de l'insertion sociale des diplômés se pose avec beaucoup d'acuité dans un contexte de crise de positionnement des formations universitaires sur le marché du travail.

## I-Formation en criminologie et insertion sociale des étudiants

### A-Facteurs d'insertion

Dans le but d'avoir un aperçu de l'employabilité des criminologues et en vue de comprendre les difficultés d'insertion en Côte d'Ivoire, nous avons menés un sondage en ligne avec un échantillon de 112 anciens de la criminologie provenant des promotions de 1994 à 2015. Les résultats de l'enquête montrent comme l'indique le graphique N°6 ci-dessous, un taux de 69, 7 % d'insérés contre 30,3 % de non insérés.

**Graphique N°6 : Taux d'insertion des anciens de criminologie**

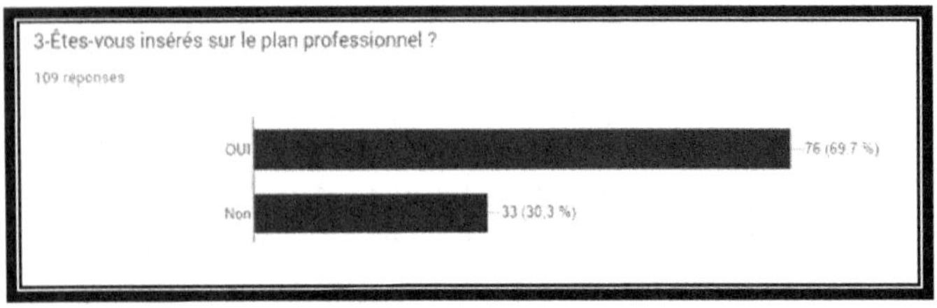


*Source : donnée d'enquête 2021*

Les anciens étudiants de la criminologie ne sont pas concernés par les reformes du LMD avec les parcours et les filières professionnalisées. La préoccupation à ce niveau demeure les facteurs qui expliquent les 30 % de sans emploi formés en criminologie qui peinent à s'insérer car ce taux est largement au-dessus de la moyenne nationale qui est de 05,3 % de chômeurs selon les statistiques de la banque mondiale. Ces chiffres sur le chômage en Côte d'Ivoire sont à prendre avec beaucoup de réserve car ils sont source de polémique interne sur le plan politique.

**Graphique N°7 : facteurs explicatifs des difficultés d'insertion**

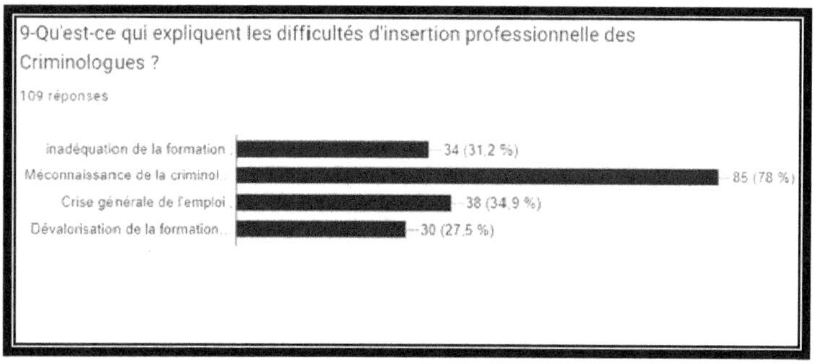


*Source : donnée d'enquête 2021*

Les résultats du sondage font apparaitre quatre (4) grands facteurs qui expliquent selon les enquêtés les difficultés d'insertion des criminologues en Côte d'Ivoire. Pour 78 %, c'est la méconnaissance de la criminologie qui explique les problèmes d'insertion professionnelle des diplômés. Ensuite, viennent la crise générale de l'emploi (34,9 %), l'inadéquation de la formation (31,2%) et la dévalorisation de la formation de la criminologie (27,5%). Parmi ces facteurs, on note des causes dites structurelles liées à la politique de formation de l'institution universitaire. Selon des enquêtés, la formation n'est pas adaptée aux réalités du marché comme on peut le voir sur le Graphique N°8 ci-après.

**Graphique N°8 : jugements sur la formation en criminologie**

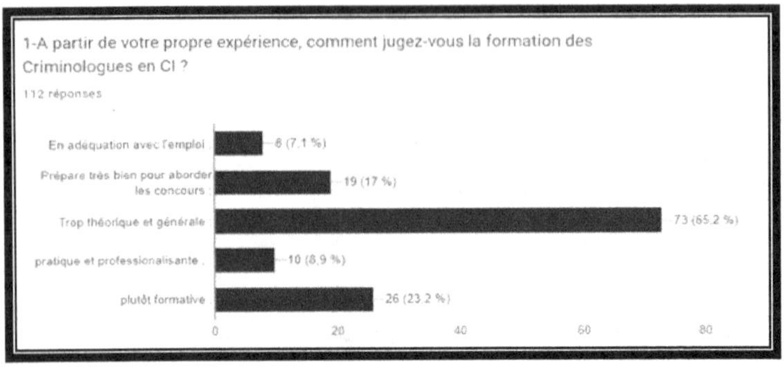


*Source : donnée d'enquête 2021*

On note que la formation est jugée « *trop théorique et générale* » pour 65%. Elle est plutôt formative et elle est loin des préoccupations des potentiels employeurs. Cependant, 17% des enquêtés reconnaissent que la formation en criminologie prépare bien les étudiants pour aborder des concours de la fonction publique dans les écoles suivantes : ENA (École Nationale de l'Administration), INFS (Institut National de la Formation Sociale), INFJ (Institut National des formations Judiciaires) et certains concours de l'ENS (École Normale Supérieure) tels que les éducateurs, les conseillers d'éducation et les conseillers d'orientation. Ainsi, la qualité de la formation et la méconnaissance de la criminologie apparaissent comme un handicap et un obstacle à l'insertion socioprofessionnelle des criminologues en Côte d'Ivoire.

Un regard critique sur le domaine d'emploi et les facteurs favorisant l'employabilité de certains criminologues nous enseignent aussi sur les difficultés d'insertion. Ces critiques, telles que formulées ne sont pas spécifiques à la seule discipline universitaire de la criminologie. Toutes les facultés des universités publiques et leurs domaines de formation en Côte d'Ivoire subissent les mêmes perceptions du monde professionnel. Le graphique N°9 ci-après nous donne un aperçu des secteurs d'activités des criminologues.

## B-Domaines d'activités et Propositions de solutions à l'employabilité

La fonction publique apparait comme le secteur qui emploie plus les criminologues (42,3%). Ce fait n'est pas une exception car l'État est l'employeur principal pour tous étudiants formés dans les universités publiques de la Côte d'Ivoire.

**Graphique N°9 : Domaine d'activités des criminologues**

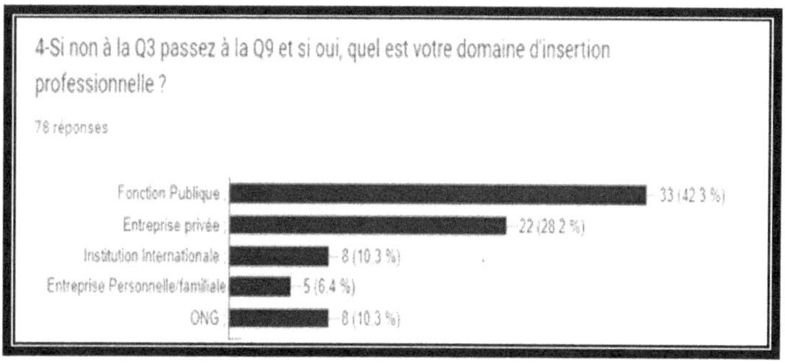


*Source : donnée d'enquête 2021*

La fonction publique est en général le plus gros pourvoyeur d'emplois. Par ordre d'importance des secteurs d'emploi des criminologues, on trouve les entreprises privées (28,2%), les institutions internationales et les Organisations Non Gouvernementales (20,6 %) et l'auto-emploi ou l'entreprenariat personnel (6,4 %). Cependant, le secteur d'exercice semble donner plus de précision sur le type d'emploi et son adéquation avec la formation du criminologue. Le tableau N°4 ci-dessous indique les différents secteurs d'activités des formés de la Criminologie en Côte d'Ivoire.

**Tableau N°5 : Types d'activité exercés par les criminologues**

| Secteur d'activité | Éducation/ Formation, Étude | Travail social / Humanitaire, Protection | Emplois de Sécurité | Administration/ management, gestion |
|---|---|---|---|---|
| Nombre | **26** | **19** | **17** | **16** |
| % | **33,33 %** | **24,35 %** | **21,79 %** | **20,51 %** |

*Source : donnée d'enquête 2021*

Sur une population de soixante-dix-huit (78) personnes de l'échantillon d'étude, il se dégage quatre grands secteurs d'activités. On note que (33,33 %) de l'échantillon travaillent dans le secteur éducation formation et étude. Il est composé des enseignants, des chercheurs, des éducateurs, des conseillers en orientation, des chargés d'étude dans les cabinets et emplois de conseil-assistance. Ensuite, on trouve les travailleurs sociaux (24,35 %) dans le domaine de la protection de l'enfance. Ceux-ci travaillent dans le secteur public comme assistant social, éducateurs spécialisés, conseillés en protection. Un grand nombre est employé par les institutions humanitaires nationales et internationales. Les emplois de sécurité représentent (21,79 %), ils sont composés d'agents de polices, gendarmes, douaniers et des agents de sécurité privée. Le dernier secteur est hétéroclite dont le dénominateur commun est l'administration et la gestion (20,51%) dont une partie est passée par les concours de la fonction publique. Le reste des insérés travaille dans le secteur privé dans divers domaines de management des risques et autres secteurs proches tels que l'assurance, audit et les cabinets juridiques en tant qu'enquêteurs. Une des leçons de cette séquence est de confirmer que le criminologue n'est pas seulement destiné aux emplois de sécurité. Aussi, le sondage a permis de comprendre les facteurs qui ont facilité l'insertion ou favorisé l'emploi en termes de formations complémentaires.

**Graphique N°10 : proportions des insérés ayant recours à une formation professionnelle complémentaire**

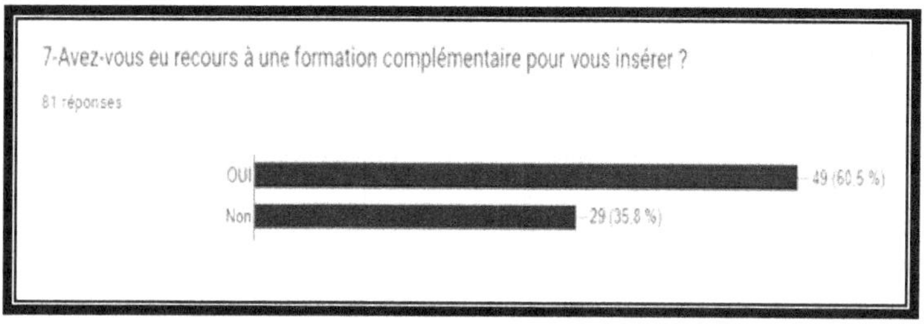


*Source : donnée d'enquête 2021*

Le recours à une formation complémentaire à la fin des études en criminologie semble être un facteur d'insertion. En effet, 60 % des enquêtés insérés ont eu besoin de faire des formations professionnelles additionnelles. Cette pratique renforce l'idée que la formation universitaire reste théorique et n'est pas toujours en adéquation avec le marché du travail. En principe, les reformes du LMD (Licence, Master et Doctorat) doivent résoudre cette problématique de la professionnalisation des filières universitaires. Cependant, le sondage sur la problématique de l'insertion a permis de mettre en lumière quelques propositions de solutions.

**Graphique N°11 : propositions de solution pour l'insertion des diplômés**

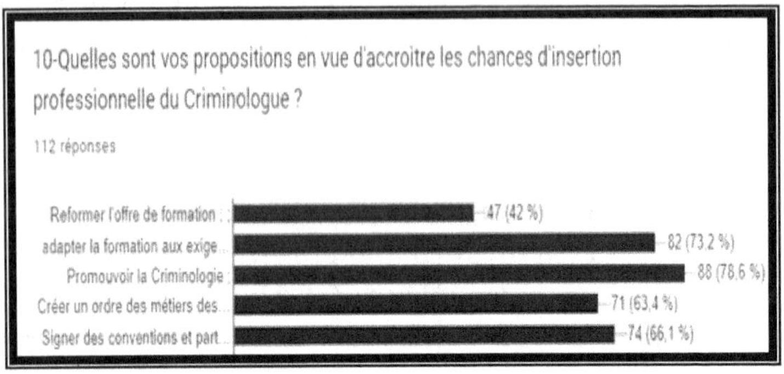


*Source : donnée d'enquête 2021*

En termes de propositions de solutions par les anciens diplômés de la criminologie, l'accent a été mis sur les éléments suivants :

- Faire connaitre la criminologie par des activités de promotion et de communication ;
- Reformer l'offre de formation afin de l'adapter aux exigences du marché de travail ;
- Signer des conventions avec le monde professionnel et impliquer le secteur privé dans la formation ;
- Créer un ordre des métiers pour spécifier les emplois de la criminologie.

Pour la première proposition, les anciens diplômés pensent que la méconnaissance de la criminologie est à l'origine du problème du sous-emploi des criminologues. En effet, nombreux sont les employeurs qui se posent les questions sur son utilité « qu'est-ce que tu peux m'apporter dans mon entreprise ». Confronter permanemment à ce genre d'interrogation, les enquêtés criminologues insistent sur la dimension communicationnelle. Il faut faire connaitre la criminologie en mettant en place une politique promotionnelle qui va faire connaitre son objet et ses débouchés dans le milieu professionnel. Il faut insister sur les qualités du criminologue dans les métiers de sécurité, de contrôle de gestion des problématiques de déviance aussi bien en termes d'intervention auprès des délinquants et des victimes de la criminalité que de l'analyse stratégique et du conseil. Selon les mêmes enquêtés criminologues, un des obstacles majeurs, de l'insertion des diplômés de la criminologie, reste sa relative marginalisation par le pouvoir judiciaire en Côte d'Ivoire. En effet, pensent-ils que l'absence remarquée des criminologues dans les organes décisionnels de la justice apparait comme un biais dans la représentation sociale de la place de la criminologie. Clairement, en tant que discipline scientifique qui a pour objet l'étude scientifique du crime, ils devraient pouvoir siéger dans certains organes du système judiciaire. Il est bien de signaler que les criminologues siègent à la haute autorité pour la bonne gouvernance. Ce qui est insuffisant car plusieurs organes dédiés à la lutte contre les fraudes, à la lutte contre le phénomène criminel, à la protection et la réinsertion des mineurs devraient accueillir des criminologues en termes de conseillers, d'analystes et d'experts. Ce qui contribuerait à une plus grande visibilité des criminologues et de la criminologie, comme le font de nombreux pays dans le monde.

Aussi, en ce qui concerne l'enseignement, il faut faire des reformes dans la mise en œuvres des offres de formation qui puissent prendre en compte les exigences du marché de travail dans le secteur connexe à la sécurité et à l'intervention criminologique. Cette proposition est soutenue d'une part par la mise en place d'une politique de partenariat avec le secteur privé et le secteur public et d'autre part par la création de l'ordre de métiers des criminologues. Nous pensons que cette remarque est pertinente et que le système judiciaire doit en tenir compte pour un débat et un traitement plus scientifique et plus équilibré du phénomène criminel au sein des instances judiciaires et des organes dédiés ;

On retient dans cette séquence relative à la problématique de l'insertion des diplômés de la criminologie que plus d'un tiers des formés ont du mal à trouver un emploi. Cette situation s'explique par la méconnaissance de la criminologie et l'inadéquation de la formation aux exigences du marché de travail. En effet, la formation à l'ancienne est jugée trop théorique et n'intègre pas les curricula professionnels. Aussi, on note que le secteur public est le plus gros employeur des criminologues dans le domaine de l'éducation formation, du travail social et du secteur de la sécurité. Pour accroitre leur chance de s'intégrer, les diplômés ont recours aux formations complémentaires. La promotion de la criminologie et la réforme de la formation sont les deux principales recommandations. En outre, la deuxième vocation de l'enseignement de la criminologie étant la recherche scientifique, qu'en est-il réellement de son impact sur la société Ivoirienne en termes d'utilité et de commande sociale ?

## II. Impact social de la recherche en Criminologie

La recherche scientifique en criminologie est dynamique. Avec une production de mémoire d'environ mille cent cinquante-six (1156) mémoires de niveau maîtrise et Master, cent dix-sept (117) thèses de doctorat et plus de quatre cent trente (430) articles scientifiques publiés, la ferveur scientifique doit normalement impacter les secteurs d'activités concernés par cette activité. Les études et les recherches sur le phénomène criminel doit intéresser en premier le secteur de la justice et de la sécurité, en deuxième position, le secteur de la protection, la prise en charge et la réinsertion des personnes contrevenantes et / ou vulnérables et troisièmement le secteur éducation/formation. Cependant, on note une absence de connexion et de collaboration entre les différents secteurs la recherche en criminologie. Ces avatars peuvent s'expliquer par des raisons politiques et culturelles.

## A-Absence ou rareté de la culture de commande de recherche face aux phénomènes criminels des institutions judiciaires et de sécurité

Quand bien même que des criminologues occupent des grandes fonctions dans l'administration ivoirienne dans les différents secteurs, on note un intérêt quasi inexistant pour les études sur le phénomène criminel. A titre d'exemple le commandant supérieur de la gendarmerie actuel le Général Alexandre Apalo Touré est un criminologue. Il fait un travail exemplaire et remarquable au sein de cette institution. On note cependant que le ministère de la justice et le ministère de la sécurité en Côte d'Ivoire après soixante ans (60 ans) d'indépendance ont produit très peu ou quasiment pas d'études sur le phénomène criminel commanditées auprès des institutions universitaires. Au contraire du ministère de l'économie et des finances où c'est la règle d'or, avant toutes les grandes décision et actions de l'État. Cette absence témoigne d'une absence de la culture de commande chez les « *sécuritologues* » en Côte d'Ivoire. Aussi, elle peut traduire le manque de confiance et la méconnaissance des avantages des études prospectives, des analyses de situations qui éclairent les actions et surtout des études évaluatives des actions.

La sécurité et la justice constituent ensemble un secteur régalien de l'État où il ne devrait pas régner beaucoup d'opacité dans la culture du résultat dans la gouvernance et dans la communication sur la pertinence des activités. Pour une question de souveraineté et de stratégie d'efficacité, il faut non seulement encourager les audits et commande d'étude, mais aussi, il faut éviter d'impliquer les institutions extérieures dans les études et politiques de sécurité.

## B-Inexistence de convention et de partenariat entre la criminologie et les secteurs d'activité proches

Ce constat émane des résultats de l'autoévaluation sur les offres de formation de la criminologie effectuée en 2021 à l'UFR Criminologie. Les acteurs et gouvernants de la criminologie en Côte d'Ivoire n'ont pas menés assez de démarches administratives pour intéresser le monde extérieur aux activités de la recherche. Pourtant, les sujets abordés par ces recherches touchent tous les secteurs et manifestation du phénomène criminel. Faire la recherche scientifique en vaste clos, indépendamment de la pertinence sociale des thèmes abordés est une erreur de gouvernance.

**Tableau N°6 : Domaines concernés par la recherche doctorale en Criminologie**

| Thèmes criminologiques des recherches | Nb. cit. | Fréq. |
|---|---|---|
| Etude de sécurité, criminalité et risques divers | 15 | 16,3% |
| Etude victimologique et prise en charges de la victime | 15 | 16,3% |
| Sociocriminologie et étude des vulnérabilités sociales | 12 | 13,0% |
| Criminaité économique, fraude et corruption | 10 | 10,9% |
| Toxicomanie et drogues | 8 | 8,7% |
| Délinquance et marginalité juvénile | 7 | 7,6% |
| Conflits fonciers | 6 | 6,5% |
| Violences basées sur le genre | 5 | 5,4% |
| Psychocriminologie, étude clinique, prévention et réinsertion | 5 | 5,4% |
| Criminalité environnementale | 4 | 4,3% |
| Cybercriminalité et terrorisme | 3 | 3,3% |
| Etude pénitentiaire et institution de régulation | 2 | 2,2% |
| **TOTAL OBS.** | **92** | **100%** |

*Sources : Données d'enquête 2021*

Le tableau N°6 plus haut, nous présente une idée de l'éventail des thèmes et domaines de la recherche en Criminologie en Côte d'Ivoire. La richesse, l'étendue et la pertinence des sujets traités dénotent du dynamisme de la recherche. Cependant, on se pose la question légitimement, que vaut la recherche si elle n'intéresse pas les demandeurs ?

Il faut dire que l'importance des conventions et partenariats est d'intéresser les acteurs et les tierces parties aux résultats de la recherche afin de trouver leur propre bénéfice. C'est à partir de cette expérience qu'ils peuvent s'impliquer voire contribuer à la recherche. L'absence de convention et de partenariat pose le problème de l'utilisation des produits de la recherche et de l'utilité des chercheurs. En plus des Ministères de la Justice, de la sécurité, de la famille, femme et enfant, il faut citer le secteur de la sécurité privée, la protection des enfants et les activités d'audites. Trouver une solution à ce problème de partenariat, peut à la fois faciliter l'insertion des diplômés et le financement de la recherche, cet autre levier de l'emploi des chercheurs criminologues.

## C-Problématique de l'utilité des chercheurs criminologues

La recherche doctorale a été instituée pour résoudre deux problèmes majeurs : la formation des enseignants-chercheurs pour combler le déficit des formateurs et la production de savoirs et savoir-faire criminologiques de qualité. On peut estimer que ces deux objectifs ont été atteints. Cependant, il se pose le problème de l'emploi des chercheurs. Le graphique suivant donne une idée de l'emploi des chercheurs criminologues.

**Graphique N°12 : Situation professionnelle des docteurs**

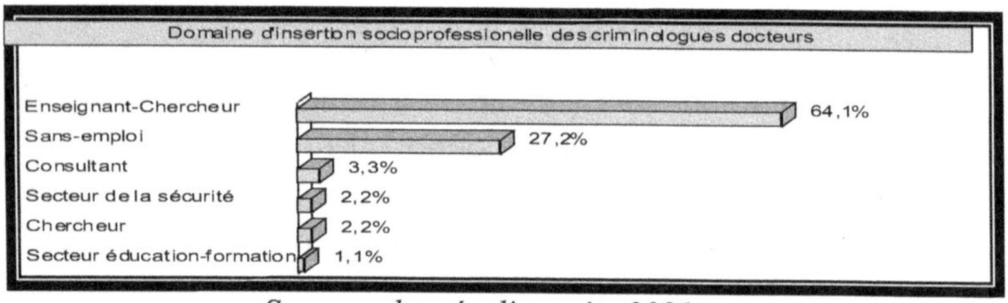


*Source : donnée d'enquête 2021*

Sur l'ensemble des docteurs formés, 64 % ont été recrutés comme enseignants-chercheurs dans les établissements supérieurs, et seulement, 2,2 % occupent des emplois de chercheur. Également, 3,3 % sont des consultant en protection, 2,2 % travaillent dans le secteur de la sécurité et 1,1 % dans le secteur éducatif secondaire. Cependant, 27,2 % des docteurs sont sans-emplois. Ce chiffre représente plus d'un quart des docteurs et ce taux s'accroit d'année en année avec la réduction des places de recrutement. Cette situation pose la question sur l'avenir de la continuité de la formation des docteurs en criminologie.

En résumé, on note qu'en Côte d'Ivoire, la recherche criminologique influence faiblement la société pour plusieurs raisons. Il y a le manque ou la rareté de la culture de commande de recherche face aux phénomènes criminels par les acteurs judiciaires et de sécurité au niveau des institutions de défense sociale. Elles ont recours à l'importation du savoir et des savoir-faire venant de l'extérieur. Cette culture d'importation est renforcée par l'ignorance que des acteurs institutionnels ont des savoirs universitaires locaux et l'absence de collaboration avec les universités. Ce qui est paradoxale dans la mesure où la majorité a été formée dans les universités publiques. A terme, l'indifférence face aux produits de la recherche universitaire locale posera le problème de l'utilité de la formation des chercheurs. A cette interrogation se greffent d'autres inquiétudes déjà soulevées, entres autres : la question de l'employabilité des criminologues.

Dès lors, on peut se poser la question de savoir, quelle criminologie pour la Côte d'Ivoire ?

# Conclusion

L'objectif de ce livret est de porter un regard sociohistorique sur l'implantation de la criminologie en Côte d'Ivoire. Ce projet s'inscrit dans le cadre de la célébration du cinquantenaire de la Criminologie. De 1969 à aujourd'hui, la criminologie a connu des phases de développement d'un point de vue administratif, sur le plan de l'enseignement et de la recherche. Aussi, elle a impacté dans une certaine mesure la société Ivoirienne.

Sur le plan administratif, la criminologie dans l'espace universitaire a évolué depuis la tentative avortée d'annexion par le département de droit. De l'institut de criminologie, avec une capacité d'accueil réduite, elle est devenue une faculté avec sa transformation en Unité de formation et de recherche. Elle s'est élargie au plan des ressources humaines et des infrastructures.

Sur le plan de l'enseignement, on peut dire que les fonctions de formation des ressources humaines attribuées à la criminologie par le décret n° 69-54 du 22 Décembre 1969, ont été remplies avec succès. La pertinence de l'offre d'enseignement liée uniquement à l'objet de la criminologie a suscité de l'engouement auprès des étudiants dans la décennie 2000 à 2010. En effet, l'enseignement du savoir sur le phénomène criminel et le savoir-faire criminologique, a impulsé une dynamique de perception du savoir-être chez les formés. Au-delà de la curiosité que cette discipline suscite, on a remarqué une attraction dans un contexte de massification scolaire et de difficulté d'orientation chez des nouveaux bacheliers. Cependant, l'enseignement de la criminologie en Côte d'Ivoire connait des difficultés. Elles sont dues aux situations de crises diverses. La crise inhérente aux disciplines en sciences sociales, la crise de l'enseignement universitaire dans les pays en voie de développement avec des reformes en copier et coller inadaptées et la crise de l'emploi des diplômés de manière générale, ont entrainé le positionnement de la criminologie dans une crise d'identité.

En plus de l'enseignement, la recherche scientifique sur le phénomène criminel constitue un atout. En trente ans de recherche, on note une diversité de productions scientifiques qui documentent les marginalités sociales et la délinquance en Côte d'Ivoire. Ces données de recherches sont faiblement exploitées posant ainsi la question de l'impact social de la recherche sur le phénomène criminel en Côte d'Ivoire. On estime que la faiblesse de la culture de commande de recherche face aux phénomènes criminels des institutions de défense sociale, l'absence de convention et de partenariat entre la criminologie et les secteurs d'activité proches, en sont des facteurs explicatifs. Alors que, la pertinence de l'objet de la criminologie n'étant pas à démontrer, les acteurs de défense sociale ont recours à l'importation du savoir-faire extérieurs pour régler des problèmes ponctuels de sécurité. Cette pratique est un leurre car aucune société ne se développe à long terme avec l'importation des expériences extérieures à sa propre culture. Dès lors, il se pose la question de l'utilité des diplômés et des chercheurs criminologues dans un contexte de crise de l'emploi. C'est pourquoi, les acteurs de la discipline doivent avoir des exigences fortes dans un contexte de demande sociale croissante en matière de sécurité. Il faut comme le conseille *Guichaoua* et *Goussault* (1993) à propos de la crise des sciences sociales, renforcer la vocation pédagogique et de conseil, leur fonction prédictive en maintenant la distance nécessaire avec les préoccupations immédiates du « complexe développeur » et la logique interne du marché du développement sans cesse sollicité pour fournir aux experts et à ses populations-cibles les recettes et les biens de salut attendus.

En termes de menaces à la vie et à la survie de la criminologie en Côte d'Ivoire, le chômage des diplômés, la non-résolution des questions de stage et d'immersion en milieu professionnel, à travers le manque de partenariats et conventions, constituent un handicap majeur à la qualité supposée des Offres de Formation. Ces obstacles menacent la longévité des parcours de formation. L'engagement massif des enseignants de l'institution dans les différentes actions corporatistes, le syndicalisme de revendication et l'activisme politique, perçus comme une défiance par les autorités, engendrent une réaction de riposte des politiques, pouvant aller à la « *diabolisation* », la « *décrédibilisation* » et à la fermeture de l'institution (du déjà vécu). De même, le syndicalisme considéré comme « violent » des étudiants contribue à amplifier les préjugés sur la formation, sur l'institution et à ternir l'image de la criminologie. Enfin, l'absence d'opportunités de formations, de mise à niveau et/ou de perfectionnement des enseignants et du Personnel Administratif et Technique contribuent à dégrader le niveau et la qualité des formations.

Quelques recommandations issues des études antérieures sur la criminologie en Côte d'Ivoire (Bakayoko, 2018 et le rapport d'autoévaluation, 2021) sont toujours d'actualité et peuvent être rappelées. Il s'agit de :

- Mettre en place un réseau international de l'éducation et des enseignements en criminologie qui va veiller sur l'harmonisation des contenus de formation à l'échelle mondiale : Réactiver l'observatoire mondial des programmes académiques en criminologie ;
- Favoriser l'échange des enseignants-chercheurs entre les pays du Sud et le nord ;

- Fédérer les différentes unités de formation de la sous-région afin d'harmoniser les pratiques d'enseignement de la criminologie ;
- Elaborer un guide de formation et des parcours qui tiennent comptes de la spécificité de la criminologie ;
- Mettre en place une stratégie de lobbying et de communication dans le but d'impliquer et d'intéresser le politique ;
- Développer le partenariat privé-public pour élargir le champ d'application des compétences criminologiques ;
- Faire l'inventaire des professions criminologues afin de mettre en place l'ordre des criminologues.

Pour asseoir des offres de formation qualité et viable à long terme, il faut initier un programme d'étude de marché, en collaboration avec le monde socioprofessionnel et aboutir à des conventions et partenariats solides.

Pour une meilleure visibilité de la formation, les offres de formation doivent s'inscrire et tenir compte des choix stratégiques nationaux (plan national de développement) et internationaux (Objectifs du Développement Durable).

Afin de mettre fin aux anciens réflexes universitaires (le maitre absolu qui connait tout), il faut élaborer une procédure administrative de communication interne et externe. Ainsi, pour vaincre les préjugés sur la pertinence de la formation, il faut développer des stratégies de partenariat en relation avec chaque offre de formation sur le plan national, régional et international, tout en mettant en place une politique de mobilité académique internationale à la fois pour les enseignants, le Personnel Administratif et Technique et les étudiants.

En ce qui concerne la qualité de l'organisation pédagogique du programme et des approches pédagogiques, Il faut non seulement mettre en place des équipes pédagogiques fonctionnelles et compétentes mais également une stratégie, politique ou cadre pour analyser les progrès, réussites et difficultés des apprenants en cohérence avec les enseignements afin de favoriser la révision des curricula.

En termes de qualité des résultats et des effets de formation, il faut, non seulement développer une politique de suivi des diplômés, mais également, mettre en place un mécanisme de suivi des diplômés insérés.

Les enseignements et la recherche en criminologie sont spécifiquement dédiés et dévolus à l'UFR Criminologie il faut valoriser cette discipline et l'étendre à d'autres universités afin d'accélérer sa promotion. Les métiers de la sécurité surtout ceux liés à la sécurité privée constituent une mine d'emplois, qu'il faut capter par les conventions, partenariats et des intéressements en termes d'implication à la formation.

La Côte d'Ivoire est confrontée à une massification d'entrée des jeunes dans la délinquance de subsistance qui engendre violence, incarcération massive, récidive, désinsertion, toxicomanie et marginalité sociale. Aussi, la cybercriminalité et le terrorisme sont des menaces qui exigent le renouvellement des savoirs et des pratiques. Il faut développer des savoirs et savoir-faire à travers un enseignement et une recherche de qualité pour relever le défi de l'insertion sociale des diplômés avec un programme et un partenariat avec les institutions étatiques et privées.

En somme, quelle criminologie pour la Côte d'Ivoire de demain, dans un contexte de marginalisation de la discipline dans l'espace francophone ?

## Postface

L'achèvement de cet ouvrage, " la Criminologie en Côte d'Ivoire : Vie et Survie cinquante ans après", marque un moment important dans notre incessante quête de savoirs visant à comprendre l'état des lieux, les défis et les perspectives de la criminologie en vue d'apporter des réponses idoines au développement de cette discipline dans une société où le taux de criminalité est grandissant. Ces pages retracent cinquante ans d'histoire, de recherches, de succès et d'obstacles qui ont façonné la criminologie en Côte d'Ivoire.

À l'issue de ce périple voyage à travers le passé, le présent et l'avenir de la criminologie en Côte d'Ivoire, nous vous adressons ces derniers mots dans l'optique de susciter en vous cet élan de réflexion commune autour de l'importance de cette discipline dans notre société et les perspectives qui s'ouvrent à elle.

La criminologie est bien plus qu'un simple champ d'étude ; c'est un miroir de notre société, réflétant ses valeurs, ses aspirations et ses épreuves. Au fil des décennies, nous avons scruté les profondeurs du comportement criminel, cherchant des réponses pour mieux prévenir, punir et réhabiliter. Nous avons progressé, commis des erreurs, appris, et avons grandi en tant que discipline.

En effet, les cinquante dernières années ont été le témoin d'une évolution remarquable de la criminologie en Côte d'Ivoire. De ses débuts modestes aux recherches de pointe d'aujourd'hui, cette discipline a fait des pas de géant pour comprendre et expliquer les mécanismes de la criminalité. Elle a contribué à l'élaboration de politiques de prévention et de répression plus efficaces, mettant ainsi en lumière des problématiques souvent complexes et multidimensionnelles.

Dans cette postface, nous voulons exprimer notre gratitude envers tous ceux qui, à tous égards, ont contribué à cette exploration. Aux chercheurs, aux praticiens, aux étudiants, aux gouvernements, aux institutions et aux individus engagés dans cette cause, nous vous remercions.

Votre dévouement, engagement et passion sont les piliers qui soutiennent l'avancée de cette discipline.

Nous ne pouvons pas ignorer les défis auxquels nous sommes confrontés. Les enjeux de sécurité et de justice évoluent constamment. De nouvelles formes de criminalité émergent, mettant au défi nos compétences et nos connaissances. Mais c'est dans ces défis que résident les opportunités. L'avenir de la criminologie en Côte d'Ivoire dépendra de notre capacité à innover, à collaborer et à adapter nos méthodes de recherche et d'intervention.

Les réflexions partagées dans ce livre ont pour vocation de susciter des débats fructueux, d'inciter à la réflexion et de mobiliser à l'action. La criminologie est bien plus qu'une simple discipline académique ; elle représente un outil essentiel pour bâtir une société plus sûre et plus inclusive.

Alors que nous tournons la page sur les cinquante années écoulées, nous nous tournons également vers l'avenir avec optimisme.

Grace à vos efforts, la criminologie en Côte d'Ivoire a acquis une maturité qui lui permettra de relever les défis de demain. Nous exhortons chacun à s'engager dans cette mission. Que ce soit en tant que chercheur, professionnel de la sécurité, praticien, citoyen ou en tant que décideur politique, nous avons tous un rôle à jouer dans le façonnement d'une criminologie en constante évolution, adaptée aux exigences de notre époque. Mais également dans la création d'une société plus sûre et plus équitable.

Pendant que nous tournons la dernière page de ce livre, nous vous invitons à prendre part à ce voyage en vous remerciant de vous être joints à nous dans cette réflexion sur la vie et la survie de la criminologie en Côte d'Ivoire.

Que ces réflexions, ces découvertes et ces idées vous inspirent à continuer à chercher, à apprendre et à œuvrer pour un avenir où la criminalité sera réduite et où la justice régnera.

Ainsi, nous vous invitons à poursuivre cette conversation et à mettre en pratique les enseignements tirés de ces cinquante ans, pour construire un avenir où la sécurité, la justice et l'équité seront accessibles à tous.

Avec nos salutations respectueuses,

**Patrice M'Bétien KONE**

Docteur en criminologie, Enseignant-chercheur
Université Félix Houphouët-Boigny
18 octobre 2023

## Références bibliographiques

BAKAYOKO Ismaila (2018). La crise de la Criminologie en Côte d'Ivoire. Revue internationale de CRIMINOLOGIE et de POLICE technique et scientifique. Volume LXXI, N° 4 -2018, Octobre- Décembre, PP.390-398

BAKAYOKO Ismaila et al. (2021), Rapport d'autoévaluation des offres de formation de la criminologie, université Félix Houphouët-Boigny, Document non publié

Brillon Yves (1980), L'Ethnocriminologie d'Afrique noire, ed. VRIN, Paris.

Cusson Maurice (2017), La criminologie, 7° édition, Hachette supérieur

Didier Bigo et Laurent Bonelli, (2014). « Critique de la raison criminologique », Cultures & Conflits [En ligne], 94-95-96 | été-automne-hiver 2014, mis en ligne le 20 février 2016, consulté le 04 mars 2015. URL : http://conflits.revues.org/18879

Durkheim Émile, "Le crime, phénomène normal". Un article publié dans *Déviance et criminalité.* Textes réunis par Denis Szabo avec la collaboration d'André Normandeau, pp. 76-82. Paris : Librairie Armand Colin, 1970, 378 pp. Collection U2. Source : *Les règles de la méthode sociologique* (1894), Paris, P.U.F., 14e édition, 1960, pp. 65-72.

Gassin Raymond et al. (2011) Criminologie, 7° édition, Dalloz

Guichaoua et Goussault (1993), sciences sociales et *développement,* Armand Colin, Paris

Mucchielli Laurent. (2010). Vers une criminologie d'État en France ? Institutions, acteurs et doctrines d'une nouvelle science policière, dans Politix 2010/1 N° 89, pages 195 à 214

Mucchielli Laurent. (2008). « Une “nouvelle criminologie” française. Pour quoi et pour qui ? », *Revue de sciences criminelles et de droit pénal comparé*,

Mucchielli Laurent. (2004). L'impossible constitution d'une discipline criminologique en France : cadres institutionnels, enjeux normatifs et développements de la recherche des années 1880 à nos jours. *Criminologie*, *37*(1), 13–42. https://doi.org/10.7202/008716ar

Normandeau André (2018), un certain regard sur les revues francophones en criminologie (1948-2018), Chronique de criminologie

Peters Tony (2009) « La SIC face aux développements de la criminologie comme discipline académique. Le projet d'un observatoire des programmes académiques en Criminologie », Annales Internationales de Criminologie, Société internationale de criminologie, vol 47, no 1, pp.117-121.

Proulx Jean (2006), Profession criminologue, les presses de l'université de Montréal.

Sissoko Alain (1997), Jeunes, culture de la rue et violences urbaine en Afrique : *Abidjan. Une situation relativement bien maitrisée ?* Actes du symposium international d'Abidjan, 5-7 mai 1997 / Proceedings of the International Symposium held in Abidjan, 5-7 May, 1997, Georges Hérault **et** Pius Adesanmi (dir.)

Société internationale de criminologie, rubrique accueil, in www.isc-sic.org/web/fr, consulté le 02 mars 2022

Véronique Strimelle et François Vanhamme, dirs. (2012), *Droits et voix – La criminologie à l'Université d'Ottawa*, Ottawa, Presses de l'Université d'Ottawa,

Yao Daniel Kouakou (2019), Penser et pratiquer la criminologie dans la société contemporaine en Côte d'Ivoire, Revue internationale de CRIMINOLOGIE et de POLICE technique et scientifique. Volume LXXII, N° 1 - 2019, Janvier - Mars

# Structures éditoriales du groupe L'Harmattan


**L'Harmattan Italie**
Via degli Artisti, 15
10124 Torino
harmattan.italia@gmail.com

**L'Harmattan Hongrie**
Kossuth l. u. 14-16.
1053 Budapest
harmattan@harmattan.hu

---

**L'Harmattan Sénégal**
10 VDN en face Mermoz
BP 45034 Dakar-Fann
senharmattan@gmail.com

**L'Harmattan Cameroun**
TSINGA/FECAFOOT
BP 11486 Yaoundé
inkoukam@gmail.com

**L'Harmattan Burkina Faso**
Achille Somé – tengnule@hotmail.fr

**L'Harmattan Guinée**
Almamya, rue KA 028 OKB Agency
BP 3470 Conakry
harmattanguinee@yahoo.fr

**L'Harmattan RDC**
185, avenue Nyangwe
Commune de Lingwala – Kinshasa
matangilamusadila@yahoo.fr

**L'Harmattan Congo**
219, avenue Nelson Mandela
BP 2874 Brazzaville
harmattan.congo@yahoo.fr

**L'Harmattan Mali**
ACI 2000 - Immeuble Mgr Jean Marie Cisse
Bureau 10
BP 145 Bamako-Mali
mali@harmattan.fr

**L'Harmattan Togo**
Djidjole – Lomé
Maison Amela
face EPP BATOME
ddamela@aol.com

**L'Harmattan Côte d'Ivoire**
Résidence Karl – Cité des Arts
Abidjan-Cocody
03 BP 1588 Abidjan
espace_harmattan.ci@hotmail.fr


---

# Nos librairies en France


**Librairie internationale**
16, rue des Écoles
75005 Paris
librairie.internationale@harmattan.fr
01 40 46 79 11
www.librairieharmattan.com

**Librairie des savoirs**
21, rue des Écoles
75005 Paris
librairie.sh@harmattan.fr
01 46 34 13 71
www.librairieharmattansh.com

**Librairie Le Lucernaire**
53, rue Notre-Dame-des-Champs
75006 Paris
librairie@lucernaire.fr
01 42 22 67 13

www.ingramcontent.com/pod-product-compliance
Lightning Source LLC
LaVergne TN
LVHW051409061026
849535LV00009B/3445
*9782336433684*